AF473315

MÉMOIRES

DE LA

PRINCESSE ÉLISA DE B.***

Oubliez-vous Seigneur qu'un tel langage, tenue à une chrétienne, devient un sacrilége.

Lith. de h. Brunet à Lyon.

MÉMOIRES

De la Princesse Elisa de B.***,

OU

HISTOIRE

D'UNE ORPHELINE FRANÇAISE,

écrite par elle-même,

Renfermant des détails curieux et intéressans sur la Cour de Sélim III, le Sérail et la Vie du Sultan Osman.

Pater meus, Mater mea dereliquerunt me;
Deus autem assumpsit me !....

TOME PREMIER.

LYON,
LAURENT, LIBRAIRE, RUE ST-PIERRE.

1822.

AVIS DE L'AUTEUR.

QUOIQUE j'eusse pu insérer dans mes mémoires quantité de détails relatifs à Mme de Lubière, ma respectable protectrice, et à sa malheureuse et indigne fille, je me suis abstenu de toutes les longueurs qui auraient interrompu le fil de ma propre histoire déjà trop longue par mes malheurs et mes tristes aventures. Tout éloignée que je suis de prétendre dans cet ouvrage à la qualité d'écrivain exact, je n'ignore point qu'une narration doit être quelquefois déchargée de quantité de circonstances qui la rendraient pesante et embrouillée : c'est le précepte d'un auteur célèbre de l'antiquité. Il n'est pas besoin d'une si grave autorité pour prouver une vérité si simple et si naturelle.

Si je m'aveugle par le désir séduisant de mettre au jour quelque acte de reconnaissance, de bienfaisance et de bonté envers des personnes même qui en sont indignes, comme cela m'est arrivé à l'égard de la fille de M.me de Lubière, on reconnaîtra du moins qu'outre le plaisir d'une lecture que j'ai tâché de rendre agréable, le plus qu'il m'a été possible, les différens événemens qui accompagnent mon illustre et malheureuse vie peuvent servir à l'instruction des mœurs, sous certains rapports, et à mettre mes lecteurs en garde contre la séduction et la malignité du cœur humain qui n'est que trop enclin au mal. Les plus doux momens de la vie pour les gens d'un certain goût, sont ceux qu'ils passent ou seuls ou avec un ami, à s'entretenir à cœur ouvert des charmes de la vertu, des douceurs de l'amitié, des moyens d'arriver au bonheur, des faiblesses de la nature qui nous en éloignent et des remèdes qui peuvent les guérir. Mais le moment arrive-t-il que nous soyons si souvent en contradiction de nos idées et de notre conduite ? les ames bien nées sentent que la douleur et l'humanité sont des vertus aimables, et elles sont portées d'inclination à les pratiquer ; mais sont-elles au moment de l'exercice, elles demeurent souvent suspendues ; mille difficultés les arrêtent ? On craint de devenir dupe en voulant être bienfaisant et libéral ; de passer pour faible, en paraissant trop tendre et trop sensible.

Dans cette incertitude il n'y a que l'expérience ou l'exemple qui puisse déterminer raisonnablement le penchant du cœur. Or, l'expérience n'est point un avantage qu'il soit libre à tout le monde de se donner ; elle dépend des différentes situations où l'on se trouve placé par la fortune. Il ne reste donc que l'exemple qui puisse servir de règle à quantité de personnes dans l'exercice de la vertu. C'est précisément pour cette sorte de lecture que des ouvrages tels que celui-ci peuvent être de quelque utilité, sur-tout lorsqu'ils sont écrits par une personne d'honneur et de bon sens. Chaque fait qui y est rapporté est un degré de lumière et une instruction qui suppléent à l'expérience ; il n'y manque que d'être ajusté aux circonstances où l'on se trouve.

Un lecteur sévère s'offensera peut-être de trouver dans ce que j'appelle morale, des aventures de fortune et d'amour ; mais si la réflexion que je viens de faire est juste, elle me justifie; si elle est fausse, mon erreur sera du moins mon excuse.

Si le public trouve quelque chose d'agréable et d'intéressant dans l'histoire de ma vie, et s'il veut me suivre dans l'obscurité, comme dans ma splendeur passée, je pourrai lui offrir encore un volume de revers et de persécutions.

Je prie ceux de mes lecteurs qui seraient tentés de m'accuser de vanité, si j'ai parlé de moi dans des termes trop avantageux, de croire que je n'ai fait qu'employer ceux dont se servaient les personnes qui, me voyant dans un temps où les maladies et les chagrins n'avaient point encore imprimé leurs ravages sur ma figure, pouvaient me trouver des agrémens que je ne possède plus aujourd'hui.

MÉMOIRES

*De la Princesse Elisa de B.****,

OU

HISTOIRE

D'UNE ORPHELINE FRANÇAISE.

CHAPITRE PREMIER.

JE suis née à V...., au commencement des troubles de la révolution française. Le mystère qui accompagna ma naissance, et une foule de circonstances qui y sont analogues, ont prouvé que j'étais issue d'un sang illustre. Deux princesses du rang le plus distingué m'ont souvent honoré de leurs caresses jusqu'à l'âge de trois ans, où un ordre secret de quitter la France fut donné pour mettre mes jours en sûreté, et ne rien négliger pour mon éducation.

Mon enfance fut confiée à une dame respectable que la reconnaissance liait à la plus vertueuse Princesse. Une jeune et belle Vaudoise m'a nourrie de son lait, et Mme de Lubière m'a tenu lieu de mère, depuis que le glaive destructeur de la révolution m'eut enlevé les auteurs de mes jours.

Mme de Lubière, veuve d'un homme de qualité, et appartenant à des familles réfugiées à Londres, n'était revenue dans sa patrie que pour y recueillir une succession qui faillit lui coûter sa liberté, et pour faire élever dans la religion romaine une fille vicieuse et méchante, seul fruit de son mariage. Pour mieux réussir dans cette pénible tâche, M.me de Lubière confia le soin de corriger et former son enfant à une parente, supérieure d'un couvent en Picardie.

Débarrassée d'un si pesant fardeau, cette femme charmante, qui possédait autant de connaissances acquises que de vertus naturelles, instruite à l'école du malheur, s'éloignait, par un fond de mélancolie, des sociétés honnêtes dont elle eût fait l'ornement. Elle se séquestra à la campagne pour y vivre dans la plus entière solitude, ne trouvant du plaisir que dans la lecture de quelques ouvrages des mieux choisis. Elle n'eut long-temps d'autre société que sa femme de chambre et ma nourrice qu'elle avait amenée de Londres. Cette aimable Vaudoise fut bien dédommagée des ennuis qui la faisaient mourir dans cette capitale, où ses parens l'avaient envoyée chez une tante riche, mais dure et pénible, par la fortune qu'elle trouva à Paris dans la personne d'un bon français dont elle devint l'épouse. Elle n'eut de son mariage qu'un enfant qu'elle perdit en bas âge. Je devins alors l'objet de toute son affection et de toute sa tendresse qu'elle me transmit sans réserve. Mais cette bonne et digne femme ayant vu mourir dans ses bras son cher époux, elle ne put survivre à son excessive douleur, et me laissa à l'âge de sept ans sous l'unique protection de Mad. de Lubière. Cette douce et tendre mère se chargea avec autant de zèle que de bonté du développement de mes facultés intellectuelles. Ses soins à mon égard ne se sont jamais démentis ; néanmoins mon enfance a été très-pénible pour elle, et lui a causé les plus grands embarras et les plus vives inquiétudes, tant à cause des différentes maladies que j'ai éprouvées pendant plusieurs années, que par mon caractère violent et impétueux. Non, je ne crains pas de le dire à ma honte, jamais enfant de mon âge ne fut plus impérieux, plus hautain, plus fier et plus difficile à servir ; mais aussi avais-je la satisfaction d'entendre souvent dire que j'avais des connaissances précoces, une intelligence au-dessus de mon âge, accompagnée d'un zèle ardent pour m'instruire. J'avoue ingémûment qu'en dépit de mes défauts ; j'avais le talent de me faire aimer de tout le monde, au point de tout asservir à mes volontés et à mes petits caprices. Peut-être me serais-je ressenti toute ma vie de ces manières fières et altières qui entachaient malheureusement mes qualités personnelles, si des infortunes et des revers de toute espèce n'eussent à leur tour asservi mon caractère fougueux, et ne m'eussent rendue raisonnable, même avant le temps.

S'il est vrai que ceux qui donnent leur nom aux enfans qu'ils présentent au baptême, leur transmettent aussi leurs vertus comme leurs vices, je devrais être une personne accomplie ; car je puis dire sans ostentation que j'ai eu pour marraine une Princesse

cesse, modèle de toutes les vertus morales et sociales, possédant des talens transcendans dans les sciences littéraires, et d'une amabilité incomparable. Je suis à une trop grande distance d'un tel assemblage des dons de la nature, pour prétendre aborder en aucune manière les rares qualités dont elle est ornée ; je me contente de les admirer dans la personne qui les possède.

Transplantée avec ma respectable protectrice, Mad. de Lubière, dans un petit village près de Genêve, depuis les troubles de la plus sanglante des révolutions, nous y vécûmes dans le deuil et la retraite durant une dizaine d'années. Je fus instruite dans la religion romaine, selon l'ordre de ceux auxquels je devais le jour. Un

Prêtre, aussi instruit que respectable, émigré comme nous, fut mon précepteur et m'enseigna le latin, l'italien et plusieurs sciences qui font rarement partie de l'éducation des dames, et desquelles j'ai retiré quelques fruits dans certains cas. Mad. de Lubière m'enseignait les ouvrages de dessin, la géographie et l'histoire, tandis que la logique, la rhétorique, la géométrie, etc. étaient à la charge de M. l'abbé de F... J'ai dit plus haut que Mad. de Lubière avait mis sa fille au couvent ; et lorsque ces demeures sacrées furent souillées par les démagogues sanguinaires, cette mère sage avait en vain réclamé sa fille : la malheureuse cédant à ses inclinations déréglées, s'était honteusement jetée dans les bras de ceux qu'elle regardait comme ses libérateurs, et s'était plongée dans les plus affreux désordres ! Sa respectable mère, à la suite de son désespoir jura son exhérédation, et ne voulant plus entendre parler de cette fille coupable, avait reporté sur moi toutes ses affections et ses biens.

Le calme renaissait en France, et de toutes parts les émigrés se rendaient dans leur patrie, autant par obéissance aux ordres de la république, que pour faire de justes réclamations. Une circonstance décida Mad. de Lubière à retourner à Paris. M. de C... colonnel d'un beau Corps de cavalerie stationné à Genêve, connaissant M. l'abbé de F..., venait souvent chez nous, et trouvait toujours un couvert à la table de Mad. de Lubière. Ce noble militaire, doué de tous les avantages brillans de la nature, du rang et de la fortune, ayant hasardé quelques entretiens avec moi, fut si satisfait de mes reparties et de mon enjouement, qu'il complimenta beaucoup ma chère maman sur la manière dont elle m'avait élevée; mais ses visites devenant plus fréquentes, on s'aperçut bientôt que j'en étais l'objet; ses yeux me suivaient partout; il ne cessait de parler de moi ou avec moi, et finit enfin par demander ma main. On peut bien croire qu'elle lui fut refusée; bien que ce dût être un parti avantageux, mais je n'avais pas treize ans; quoique tout en moi eût devancé l'âge, et que le comte eût fait sur mon jeune cœur une impression assez forte, on ne pouvait disposer de ma personne, puisqu'elle était un dépôt confié, et qui pouvait être réclamé tôt ou tard par des proches.

Une inclination contrariée dans un âge où l'on ne réfléchit pas plus que l'on a d'empire sur soi-même, pouvait avoir des résultats contraires à ma santé. J'avais l'ame aussi ardente qu'impérieuse, je venais de perdre une compagne charmante, à laquelle j'étais liée de la plus étroite amitié; tout cela rendait ma situation plus critique. Mad. de Lubière sentant la nécessité de me distraire de ce surcroît de peines, pensa avec raison que rien n'y serait plus propre qu'un voyage; et pour cet effet elle résolut de retourner à Paris par la route la plus longue, ainsi il fut convenu que nous passerions par Berne, Soleure et

Bâle. Dans cette dernière ville on nous montra la maison où la jeune et intéressante Madame Royale avait été échangée et reçue par les envoyés de son oncle, contre des ôtages français. Cet endroit et le récit des circonstances nous rappelant tout ce que cette infortunée Princesse avait souffert, nous versâmes des torrens de larmes, que le souvenir de la perte de mes parens, celle de tant de victimes aussi vertueuses qu'illustres, rendaient encore plus amères.

Arrivées à Paris, Mad. de Lubière ne voulut s'y arrêter que le temps qu'il lui fallait pour se procurer un logement à la campagne. Nous en trouvâmes un fort commode du côté de Chaillot, à une lieue de la capitale. Un grand et beau jardin, un petit verger formaient tout le domaine ; un vieux domestique nommé Etienne, cultivait le jardin et servait de concierge ; une cuisinière et ma femme de chambre formaient toute notre maison ; nous avions outre cela pour faire nos commissions un jeune homme alerte et intelligent.

La nécessité de continuer mon éducation m'obligeait à venir à la ville trois fois la semaine, pour les leçons de harpe, de danse et de déclamation. Comme jusqu'alors je n'avais connu d'autres plaisirs que ceux de l'enfance, Mad. de Lubière eut la bonté de me faire goûter celui des différens spectacles. L'opéra me plut infiniment ; mais comme si j'eusse pressenti que des événemens tragiques devaient former la longue chaîne de mes infortunes, et que la nature ou la Providence eût voulu par avance familiariser mon ame avec les émotions violentes qu'on éprouve à l'aspect des grandes scènes, je pris pour la tragédie une passion qui m'enflamma d'une telle ardeur pour apprendre à déclamer, qu'en très-peu de temps la fameuse Mad. de R..., qui m'enseignait cet art, déclara que je pouvais me passer de ses soins, et qu'elle regrettait que je ne fusse pas née pour le théâtre.

Les discours que j'avais constamment entendu répéter par ma bonne nourrice, au sujet de ma naissance et du rang que j'avais dû tenir, m'avaient tellement enflée d'orgueil, que je regardais comme une espèce d'opprobre d'aller à pied à la ville, bien que je fusse toujours accompagnée de Mad. de Lubière ou de ma femme de chambre ; car cette digne mère s'en privait le plus souvent pour l'abandonner à mes fantaisies et à mes besoins qui se multipliaient à l'infini.

J'allais atteindre ma treizième année, et je n'avais point encore quitté le deuil que je portais depuis la mort de mes parens ; mais on me fit changer ces habits lugubres pour me revêtir des couleurs qui plaisent à la jeunesse, et cela m'occupait agréablement ; car malgré que je ne m'avisai pas d'être coquette, (et je puis dire que je ne le fus jamais) je vis néanmoins avec un secret plaisir l'harmonie des nuances avec celle de mon teint, qui faisait ma plus grande beauté ; je m'aveuglais aussi sur la finesse et la tournure de ma taille qui a fait long-temps admirer et idolâtrer ma petite personne.

Mad. de Lubière, sacrifiant tout à mes désirs, me donna un équipage que je ne laissais pas trop dans l'inaction, et qui cependant occasionait de grands frais dont cette bonne mère avait la délicatesse de ne jamais se plaindre.

Je me trouvais parfaitement heureuse, quoique privée de toute société. Si je désirais m'instruire et acquérir des talens, ce n'était que pour me rendre agréable à ma très-chère maman, charmer sa solitude, lui tenir lieu de tout; comme aussi elle faisait tout pour moi, tel fut alors le seul objet de mon ambition. Déjà M. de C... ne se présentait plus à mon souvenir que comme un homme dont la tendresse et les soins avaient flatté ma vanité, et il me sembla que je n'eusse pu être heureuse avec lui, sans la participation de Mad. de Lubière, qui me devenait chaque jour plus chère.

Nous étions depuis un mois à la campagne sans connaître encore notre voisinage, lorsqu'un incident vint troubler notre paisible solitude. Un soir étant au spectacle qui se trouvait fort intéressant, on donnait une nouvelle représentation d'Olimpie, que je n'avais point encore vu jouer; quelques scènes émurent tellement les facultés de mon ame, que tous ses mouvemens se manifestaient sur mon visage d'une manière qui me fit remarquer des personnes qui m'environnaient. Chacun désirait savoir qui j'étais; et lorsque Maria (c'est le nom de ma femme de chambre) dit c'est la fille adoptive de Mad. de Lubière, une jeune orpheline : on voulait encore en savoir davantage. L'élégante simplicité de mes habits n'excitait pas moins l'attention ; une robe de crêpe noir, faite en forme de chemise grecque, et garnie partout d'une dentelle d'argent, me découvrait à demi la poitrine et les bras, et, relevant les avantages de mes formes, faisait ressortir la blancheur de ma peau. J'avais une quantité de fort beaux cheveux qui, entremêlés de plusieurs tours de perles fines, me composaient une jolie coiffure ; et quoique mon nez fût un peu trop gros et gâté par la petite vérole, qui m'en aplatit le bout, on a eu long-temps la folie de me trouver belle. Soit dit en passant.

L'acte

L'acte étant fini, j'éprouvai le besoin de prendre quelques rafraîchissemens, et je priai Maria de faire avancer le garçon; mais la foule était si grande, que ne pouvant sortir de la loge, il fallut attendre ma femme de chambre; l'ayant aperçue dans les loges en face de la nôtre, je lui fis signe de passer près de nous; je me repentis bientôt de mon imprudence, en remarquant un Turc qui, nous observant attentivement, s'était levé à l'instant, et s'efforçant de traverser la foule, parvint, non sans peine, jusqu'à nous. Je frémis en pensant qu'il pouvait croire que c'était à lui qu'on en voulait, lorsque rassurée par la politesse respectueuse avec laquelle il me salua, restant debout à mes côtés, je vis qu'il avait deviné ou entendu ma sollicitude, car le garçon ne tarda pas à paraître avec une ample provision.

Je pris ce qui me convenait pour Maria et moi, et le Turc m'ayant demandé la permission de s'asseoir et de prendre part à notre collation, je lui répondis que tout était à sa disposition. Il nous offrit des glaces et différentes choses que je refusai. Craignant alors de m'avoir offensée, il me fit tant d'excuses sur la liberté dont il avait usé, que par égard pour sa qualité d'étranger, je l'assurai du contraire ; et pour le convaincre j'acceptai une orange qu'il me présenta comme un symbole propre à calmer les craintes que son approche avait pu m'inspirer.

La noblesse de sa figure, sa politesse, autant que la magnificence de ses habits, annonçaient assez que c'était un homme de qualité. Il parlait la langue française avec autant de pureté que si elle lui eût été naturelle ; mais l'expression de ses regards toujours fixés sur moi, et les complimens qu'il me faisait sur ma figure, etc., me tenaient dans un tel état de contrainte, que je n'osais lever les yeux sans risquer de rencontrer les siens ou ceux de quelqu'autres personnages dont la curiosité m'importunait beaucoup.

La pièce étant finie, et la foule un peu dispersée, nous descendîmes pour demander nos chevaux qui mirent plus de demi-heure à nous joindre, par le nombre des équipages qui se pressaient devant les portes ;

et pendant que nous étions à attendre, un Consul que je ne nommerai pas, suivi de quelques militaires de distinction, vinrent saluer le Turc qui, voyant mon embarras, m'avait obligeamment offert son équipage ; mais bien résolue d'attendre le mien, je remerciai. « Prince Achmet, lui dit le » Consul, vous avez fait choix d'une » charmante Sultane ! serez-vous assez » heureux pour la reconduire dans » son harem ? Non, répondit le prince » turc ; c'est un honneur auquel je » n'ose prétendre, et que Madame ne » réserve pas assurément à un étran- » ger... Le Consul m'abordant : « puis- » je espérer, Madame, que vous » ayez assez de confiance dans un » des chefs de la république pour ne » point refuser ses chevaux et la fa-

» veur de vous accompagner ? » Et peut-être eussé-je accepté sa proposition, dans l'impatience d'attendre et de me voir exposée aux regards et observations de tant de galans personnages, lorsqu'enfin mon cocher arriva. Je m'élance aussitôt dans ma voiture, et nous partons. Je ne fus pas longtemps sans apercevoir deux équipages à quatre chevaux qui suivaient la même route que nous, et paraissaient éviter de nous devancer, restant toujours à la même distance du nôtre. Contente d'approcher de mon domicile, je ne m'inquiétai pas de ce que ce pouvait être, je me trouvai en peu de temps, contre mon attente, à la porte de notre maison.... Les deux carrosses qui me suivaient s'étant aussi arrêtés, je vis, non sans une extrême surprise, le Prince turc et le Consul se présenter pour me donner la main, tandis que le vieux Etienne, suivi de Mad. de Lubière venaient me recevoir.... Le Consul s'étant approché de cette femme adorable, et lui voyant un air d'inquiétude, la rassura sur leur conduite à mon égard, et lui dit que le seul désir de me connaître et de la féliciter sur ce qu'ils admiraient en moi, les avaient engagés à m'accompagner sans mon assentiment, et qu'ils s'estimeraient très-heureux d'obtenir la grâce de nous rendre leurs devoirs! Après quelques complimens de part et d'autre, le Consul reprit la route de Paris, et le prince Achmet suivit celle de sa campagne, qui n'était pas éloignée de notre habitation.

J'avais trop éprouvé d'embarras et de trouble par les empressemens et l'adulation de tous ces Messieurs, pour vouloir retourner de sitôt au spectacle, et je fis vœu de n'y plus reparaître qu'avec ma très-chère maman, afin d'éviter tout ce qui pouvait alarmer sa prudence. Sensible à cette attention, je ne lui en devins que plus chère ; et elle ne négligeait rien pour me dédommager des privations que je m'imposais.

Un matin que nous revenions de la promenade, nous vîmes plusieurs cavaliers, au nombre desquels on distinguait des turbans, s'approcher de notre maison ; ne doutant pas que ce ne fût le Prince et le Consul, nous désirions les éviter, lorsque tournant la bride, après avoir reçu du portier la réponse que nous étions sorties, ils nous voient à peu de distance, nous reconnaissent et viennent au-devant de nous ! Mad. de Lubière était trop amie des bienséances pour ne leur pas faire une réception convenable à leur rang.... Le Consul nous ayant présenté le prince Achmet comme son ami, nous assura que c'était le plus galant homme de sa nation, et qu'habitant non loin de nous, ce serait obliger les chefs de la république que d'accorder à ce noble étranger la faveur tant désirée de le recevoir chez nous aussi souvent que nous le jugerions à propos ; il finit par des offres de service au sujet du recouvrement des fonds que Mad. de Lubière avait perdus en émigrant. Cette dernière circonstance eut une importance trop majeure pour ne pas vaincre tous ses scrupules et lui permettre de refuser au Consul la grâce qu'il sollicitait pour son ami. Plus fidèle à sa parole dans cette occasion que dans beaucoup d'autres, il fit à Mad. de Lubière un remboursement assez considérable pour lui assurer une position plus qu'aisée, et me procurer les jouissances dont il me croyait susceptible. Ayant continué ses visites, je m'habituai peu à peu à son enjouement, et les récits qu'il me faisait sur les pays qu'il avait parcourus m'amusaient infiniment, tandis que les regards passionnés du prince Achmet, me tenant dans une contrainte perpétuelle, me rendaient son commerce insupportable, et m'empêchaient souvent de lui rendre la justice qui lui était due ; aussi étais-je heureuse lorsqu'on voulait bien m'exempter de paraître ; et dans le temps que je comptais avoir plus de moyens pour me soustraire, un événement allait me précipiter dans l'abîme que je désirais éviter.

CHAPITRE II.

Un jour, au sortir de l'église ; la nécessité de faire quelqu'emplette m'avait conduite au Palais royal, j'entrai dans un magasin de modes, où une femme jeune encore, mais portant l'empreinte de la maladie et du chagrin, nous pria de vouloir bien attendre un peu, que sa maîtresse allait descendre ; elle sonna aussitôt, et pour remplir l'intervalle, elle nous ouvrit les montres. Un chapeau d'un goût aussi modeste que peu commun frappa les regards de Maria, et lui fit dire, en s'adressant à moi, qu'il conviendrait bien à Mad. de Lubière, et que je devais le lui acheter. Mad.

de Lubière ! s'écria la fille de magasin, avec un accent douloureux qui excita autant d'étonnement que de curiosité ; comme son émotion était violente, et qu'elle allait se trouver mal, nous nous approchâmes d'elle pour lui demander la cause de cet accident ; mais à l'instant ma femme de chambre l'envisageant de près, recule par un mouvement d'indignation, qui me fit deviner quelle était cette malheureuse !..... Feignant cependant de ne pas la connaître, je l'engage à parler... « Hélas ! si j'osais espérer
» d'être entendue avec compassion,
» je m'empresserais, Mademoiselle,
» de vous satisfaire, mais je vois trop
» l'horreur que j'inspire à la personne
» qui vous accompagne, cette femme
» m'a vue en bas âge ; et sans doute

elle

» elle reconnaît en moi la plus cou-
» pable des filles ! ..... C'est votre
» secours, votre pitié que j'implore,
» Mademoiselle ; veuillez croire à
» mon repentir, et daignez solliciter
» mon pardon auprès de la plus res-
» pectable des mères » Elle s'était jetée à mes pieds qu'elle arrosait de ses larmes, et comme Maria l'accablait de reproches, je la priai de se taire, et de ne pas affliger davantage une malheureuse en proie à ses remords. Elle nous fit le récit abrégé de ce qu'elle avait souffert par le sentiment de ses torts qu'elle disait avoir expiés par mille tourmens ; et ayant ajouté que son état de langueur ne lui permettant aucun travail suivi, elle se trouvait à charge à la Dame qui l'avait reçue par commisération.

Celle-ci étant présente, nous dit qu'effectivement cette Demoiselle lui était inutile, mais qu'elle en avait pitié. Je la remerciai pour cet acte de bienfaisance, et la priai de lui continuer ses bontés jusqu'à ce que je vinsse lui donner des nouvelles des démarches que je me proposais de faire auprès de sa maman. Promettant à cette infortunée de soulager sa misère; je la quittai, bien embarrassée de la manière dont je devais agir pour annoncer à Mad. de Lubière que je venais de retrouver sa fille, et qu'elle attendait avec anxiété la faveur d'embrasser ses genoux.

Sentant tout le ménagement qu'exigeait la sensibilité de la meilleure des mères, je pensai devoir la prévenir par un conte qui pût en même temps l'amener au but que je me proposais. Le plus difficile était d'engager Maria à m'aider dans cette négociation ; et bien que cette fille me fût fort attachée, elle aimait néanmoins trop sa maîtresse, pour ne pas haïr à l'excès celle qui lui avait causé tant de peines. Elle assurait que le plus prudent des partis à prendre était celui de l'envoyer finir ses jours à Ste.-Magdelaine, car elle était bien loin de juger son repentir sincère. La suite a prouvé que Maria avait raison d'en décider ainsi ; mais trop jeune encore pour m'en rapporter à sa prévoyance, trop sincère dans tous mes sentimens pour pouvoir douter des apparences, je l'accusai de trop de sévérité ; et trouvant plus de mérite à ramener cette fille à la vertu par mes soins et mon exemple, que de la faire enfermer, je combattis ses argumens, et la fis consentir à m'aider auprès de sa maîtresse.

Cette rencontre avait retardé notre retour à la maison, et l'heure du dîner étant écoulée, ce me fut une occasion favorable au plan que j'avais médité.

Qu'il me soit permis d'employer le dialogue pour rendre plus fidèlement ce qui se passa entre Mad. de Lubière et moi.

— Quelle affaire, ma chère fille, a pu vous retenir si long-temps à la ville ? mon Eliza a-t-elle oublié que le plus petit retard me fait craindre quelqu'accident ? — Pardon, bien chère maman, si une rencontre imprévue m'a mise dans le cas d'alarmer un instant votre tendresse ; j'ai été témoin d'une scène si attendrissante, que malgré mon désir de revoler auprès de vous . . . . ,

— Et mon Eliza ne se hâte pas de m'en faire le récit. — J'en suis encore émue ! ...... Baissant les yeux de confusion à l'idée que j'allais essayer pour la première fois de mentir, quoique avec une bonne intention, je rougis et gardai le silence ; mais voyant que ses regards scrutateurs marquaient son impatience, je fis un effort sur moi-même, et repris ainsi la conversation. — Un père ayant vu disparaître son unique fils à la terrible époque de 1792, le croyait à jamais perdu ; aujourd'hui il retrouve son enfant ; mais dans quel état ! couvert d'opprobres et de remords, n'osant lever les yeux sur l'auteur de sès jours, dont néanmoins il sollicite le pardon ; le père touché des larmes de son fils, content de retrouver l'héritier de son nom, de sa fortune, le reçoit dans ses bras !.... Mad. de Lubière, agitée par une émotion violente, s'écrie : Il a donc pardonné ! Père tendre ! peut-être trop indulgent, puisse-tu ne t'en repentir jamais ! O ma chère maman, lui dis-je en l'embrassant, si un cas pareil amenait à vos pieds la malheureuse Nanci, auriez-vous tant de peine à lui accorder un pardon qui, loin de vous exposer à des regrets, serait une occasion d'exercer vos vertus, en suivant l'exemple que notre divin rédempteur nous a tracé. Lui faisant enfin une suite de citations tendantes à mon but, je parvins à l'ébranler.

Ses yeux constamment attachés sur moi me firent bientôt soupçonner qu'elle avait pénétré mes desseins; aussi elle me répondit d'un ton très-affectueux que mon raisonnement semblait lui annoncer un piége; cependant qu'elle était forcée d'admirer ma bonté et mon désintéressement en plaidant une telle cause; car, ajouta-t-elle, le pardon accordé m'entraînerait à d'autres sacrifices nuisibles à la fortune de ma chère Eliza. Je la suppliai de ne point s'arrêter à de telles considérations, et de n'écouter que la voix de la nature, de la religion, qui devait parler dans son cœur, comme elle se faisait entendre par ma bouche. Je finis par l'assurer que ma conscience se révoltait à l'idée de priver de ses droits une infortunée qui en pouvait mériter la jouissance par un heureux retour ; et redoublant de zèle, je ne la quittai point que je n'eusse obtenu ce que je désirais.

Mad. de Lubière après avoir consenti à recevoir sa fille, ne voulut néanmoins rien précipiter, et se réservant quelques jours pour se disposer à cette pénible scène et faire ses arrangemens, elle se rendit le lendemain à Paris, où était resté M. l'abbé de F.*** Ayant engagé ce dernier à faire demander l'astucieuse Nanci, pour la tancer et mettre ses sentimens à l'épreuve, Mad. de Lubière se cacha dans un cabinet, d'où elle était à portée d'entendre ce qui se disait. Satisfaite des apparences, elle ne se montra pas, voulant me laisser le soin d'achever ce que j'avais commencé. Le lendemain seulement il me fut permis d'annoncer à Nanci sa grâce, aux conditions suivantes : savoir, qu'elle serait soumise à tout ce qu'on exigerait d'elle ; que pour éviter la honte qui eût rejailli sur nous des désordres qu'elle avait commis, elle garderait son appartement, s'occuperait d'exercices de piété jusqu'au moment de sa guérison ; qu'elle ne se ferait point connaître pour la fille de Mad. de Lubière, et que lorsqu'on lui permettrait de sortir avec moi ce ne serait qu'en habit d'homme, sous le nom de Narcisse, et en qualité de neveu de sa respectable mère.

Elle consentit à tout, heureuse de rentrer sous le toit maternel; quelles que fussent les conditions qu'on eût pu lui imposer, elle ne pouvoit assez me remercier de ce que j'avais fait pour elle; et pendant les premiers temps, elle ne me nomma que sa chère bienfaitrice.

Je ne parlerai point du moment de sa réception; on se représente aisément ce qui se passa de part et d'autre.

Six semaines s'écoulèrent dans le traitement nécessaire à sa maladie, qui n'était qu'un épuisement, résultat des privations qu'elle avait souffertes; on la vit bientôt renaître et se fortifier. L'exercice de la promenade lui ayant été prescrit, on se hâta de lui faire prendre le déguisement convenu, et je puis dire qu'étant grande et bien faite, il lui allait à merveille, et faisait d'elle un fort joli garçon; aussi fut-elle quelque temps si enchantée de sa bonne mine, et de la liberté que cela lui donnait de paraître, lorsqu'on avait des visites, qu'elle devint d'une gaîté à divertir tout ce qui l'approchait; et je voyais avec une joie vivement sentie, que la confiance et l'amitié se rétablissaient de jour en jour entr'elle et sa mère.

Cependant la tendresse de cette dernière pour moi ne diminuait point; et j'étais toujours l'objet de ses soins les plus délicats: aussi ne tardai-je pas à m'apercevoir de la jalousie du faux Narcisse, qui, témoin des hommages que me rendaient les Seigneurs qui fréquentaient notre maison, en conçut un dépit extrême, qu'elle ne laissait échapper qu'en l'absence de Mad. de Lubière, et toujours par des sarcasmes indiscrets. Je commençais à souffrir beaucoup de son humeur et de son insolence, sans jamais m'en plaindre à celle qui eût pu y mettre un frein, espérant désarmer son dépit jaloux à force de douceur et de modération; mais ce que je croyais propre à la vaincre, ne servit qu'à l'irriter de plus en plus; car à mesure que la haine prenait dans son cœur la place de l'amitié et de la reconnaissance qu'elle avait manifestée dans les premiers temps, mes bons procédés pour elle lui devenaient un poids insupportable dont elle ne pensa plus qu'à se dégager.

Le prince Achmet ne passait pas un jour sans venir nous voir ; étant plus amoureux que jamais, il ne m'en était aussi que plus désagréable ; la perfide Nanci, qui avait ses vues, faisait tous ses efforts pour l'enflammer davantage, en m'engageant à des talens qui paraissaient lui plaire ; et c'était pour lui une jouissance extrême de m'entendre déclamer, pincer de la harpe, chanter, danser avec Narcisse. Il avait déjà hasardé des propositions qui avaient été rejetées par Mad. de Lubière, bien que le Consul les eût appuyées de toute son éloquence. Il n'y avait pas de sacrifice dont il ne fût capable pour obtenir ma main ; et ne désespérant pas de me fléchir par sa tendresse et sa constance, il redoublait en vain de soins et d'assiduités ; plus je voulais le fuir, plus le hasard me conduisait sur ses pas ; au Spectacle, au Muséum, aux Tuileries, au Palais, dans mes promenades champêtres, partout je le rencontrais ; sans pouvoir deviner pourquoi et comment il savait tous les endroits où je me rendais, souvent sans dessein prémédité.

L'ingrate Nanci ne pouvant me pardonner la tendresse que sa mère avait pour moi, et qui semblait nuire à celle qu'elle croyait lui être due, révoltée à l'idée que je devais un jour partager sa fortune, si je ne retrouvais mes parens, conçut le noir projet de se délivrer à la fois de sa bienfaitrice et du frein qui l'importunait.

Ayant trouvé dans la passion du

prince Achmet un moyen sûr de parvenir à son but, elle forma son plan à cet égard, et n'attendit plus qu'une occasion favorable pour me faire tomber dans le piége; et si elle ne se fût immédiatement présentée, il n'y a pas de doute qu'elle ne l'eût fait naître.

Flattée de sa détermination odieuse, autant que certaine de réussir, elle reprit toute sa gaieté et ne cessait de me prévenir et de me donner mille témoignages affectueux. Je la voyais souvent s'entretenir à l'écart avec Achmet; et lorsque je la plaisantais sur ses conférences turques, elle me répondait adroitement que son habit d'homme l'autorisait à beaucoup de petits propos auxquels je n'étais pas habituée, et que la bienséance ne lui permettait pas de me faire entendre.

Cependant le Prince, toujours aussi respectueux que tendre, se livrait quelquefois à des mouvemens de joie peu naturels à la gravité turque ; et si je lui en marquais ma surprise, il me disait qu'un bonheur inespéré en était le sujet ; mais que tout ravissant qu'il était, il lui présentait un côté hérissé d'épines, et qu'il ne savait comment allier la prudence et la modération avec l'ivresse de la félicité dont il allait jouir : alors craignant d'en avoir trop dit, il regardait Narcisse, soupirait, se promenait et parlait de son prochain départ pour l'Italie. Présumant qu'il pouvait avoir noué quelqu'intrigue agréable, dont Narcisse était peut-être le confident, je ne hasardai pas de le complimenter, et moins encore de l'interroger sur le prétendu bonheur dont il me parlait ; et, dans mon indifférence pour tout ce qui lui était relatif, j'évitai même d'entrer avec la perfide Nanci dans le moindre détail.

Mad. de Séringe, à qui appartenait la maison que nous habitions, étant âgée et infirme, était devenue l'objet des soins de ma digne mère, qui par inclination pour les êtres souffrans, lui rendait tous les soins de l'amitié. Cette Dame, restée seule depuis la révolution, ne se connaissait plus d'autre héritier qu'un frère qui, ayant passé aux grandes Indes, ne lui donnait aucun signe d'existence depuis plusieurs années ; et dans l'état où se trouvait sa santé, désespérant de le revoir jamais, son intention était de léguer à Mad. de

Lubière sa maison de campagne et les débris de sa petite fortune.

S'étant trouvée plus mal, et voyant approcher la fin de ses maux avec celle de sa vie, elle envoie chercher sa compatissante amie Madame de Lubière, en la priant de se disposer à passer auprès d'elle tout le temps qu'il lui serait possible de lui accorder.

Ma bien chère maman ne pouvant refuser ses secours à la mourante Madame de Séringe, et néanmoins peinée de la nécessité de s'absenter pour un peu de temps, ne pouvait assez m'embrasser en partant, et recommander à sa malheureuse fille de ne point me quitter, et de ne voir personne jusqu'à son retour.

Elle était bien sûre que, de mon

côté, je ne passerais pas ses ordres, et que j'engagerais Narcisse à les respecter; mais n'osant pas trop compter sur la soumission de sa fille, dont elle connaissait l'immoralité, elle partit agitée de mille craintes.

C'était dans la matinée d'un jour très-chaud, et, autant pour éviter d'être aperçue s'il venait quelqu'un, que pour tranquilliser Maria sur mes intentions, puisqu'elle était chargée de surveiller nos démarches durant l'absence de notre respectable mère, je ne voulus point faire de toilette, et me reléguai dans l'endroit le plus reculé du jardin, sous un épais feuillage, m'exerçant à pincer ma harpe; tandis que Nanci, sous le spécieux prétexte que mes sons interrompaient sa lecture, allait, disait-elle, dans sa chambre jusqu'à l'heure du dîner, après laquelle elle espérait que nous causerions ensemble. Maria étant restée à travailler auprès de moi, ne me quitta que pour faire son service; et lorsque priée de passer à la salle à manger, je fis appeler Nanci, on me dit qu'elle était sortie depuis long-temps. Je voulus cependant l'attendre un peu, et je me mis à la croisée qui donnait sur le grand chemin pour voir de quel côté elle allait arriver; mais quel fut mon étonnement, quand un des esclaves d'Achmet se présenta à la porte avec un billet à mon adresse.

Il était de l'astucieuse Nanci qui m'écrivait, qu'ayant rencontré le Prince à notre porte, où il venait pour prendre congé de nous, elle lui avait dit que je n'étais pas visible à cette heure, et que sur cela il l'avait engagée à aller dîner avec lui ; que je ne devais donc pas l'attendre encore, et que je me préparasse à recevoir les adieux du prince Achmet qui partait le lendemain.

Quelqu'envie que j'eusse de m'y soustraire, je ne le pouvais plus sans manquer à la bienséance, puisqu'il était instruit par le rusé Narcisse que j'étais à la maison, et qu'enfin ce simulacre d'adieux était nécessaire pour m'en imposer, ainsi qu'aux personnes qui nous servaient.

Si j'eus quelques doutes sur la sincérité des tendres sentimens dont Achmet n'avait cessé de m'entretenir dans le cours de ses visites ; si je ne sus comment les concilier avec la gaieté qu'il manifestait dans ce dernier moment, il n'eut pas moins de peine à expliquer l'extrême satisfaction qui brillait sur mon visage, d'après les fausses confidences, ou pour mieux m'exprimer, les calomnies, dont la détestable Nanci s'était servie pour l'engager à commettre un crime auquel il n'eût jamais pensé, quelque fût son amour pour moi.

Le voilà donc parti ! dis-je au faux Narcisse, quand le Prince nous eut quitté. Quel soulagement d'être délivrée de cet illustre importun ! Et pourquoi m'a-t-il fallu, si jeune, être exposée aux regards passionnés, aux soupirs langoureux des hommes, d'un étranger, d'un turc ?... Élevée dans des principes sévères, quel étonnant concours de circonstances a pu troubler notre paisible solitude, pour m'environner d'une cour d'admirateurs, et me mettre au rang des femmes que je déteste le plus, de ces femmes à la mode, qui, vivant dans l'oubli continuel de tous leurs devoirs, ne sont occupées, du matin au soir, que de leur parure et de leurs plaisirs? Puis cherchant dans mon cœur quelle espèce d'affinité j'avais avec elles, j'y trouvais avec une joie secrète que je n'avais rien fait pour plaire, ni jamais éprouvé le moindre vide dans les intervales qui s'écoulaient d'une visite à l'autre; et si j'avais écouté avec complaisance quelques discours flatteurs, c'était sans en être touchée; je riais de tout, et je ne pouvais comprendre qu'il fût possible à une personne tant soit peu raisonnable de prendre de la jalousie pour les bagatelles de nulle valeur que les hommes se croient obligés de nous dire autant par politesse que pour surprendre notre vanité.

La journée s'écoula sans que Nanci fût auprès de moi, comme sa mère le lui avait recommandé. De temps à autre elle paraissait un instant pour s'informer de ce que je faisais, et toujours avec un mélange visible de gaieté et de trouble. Je lui demandai raison de son agitation, à quoi elle répondit : qu'elle était contente que ce Prince Achmet partît si brusquement, qu'il commençait à lui donner de l'inquiétude. Je la pressai d'en dire davantage, mais refusant de s'expliquer, elle passa dans son appartement.

L'heure de se coucher étant venue, Maria monta selon sa coutume pour me déshabiller. J'étais prête à entrer au lit, lorsque Nanci parut soudain dans mon cabinet; et faisant éloigner ma femme de chambre, elle commença à railler sur ma fantaisie de me mettre au lit sitôt, lorsque la plus belle soirée invitait à la promenade. Allons, me dit-elle, chère Eliza, passez votre robe et descendez avec moi dans le jardin, vous dormirez mieux après avoir respiré la fraîcheur, j'ai besoin de me promener, et j'espère que vous ne me laisserez pas seule! Ayant pris ma redingotte de matin, elle m'aida à la passer; et me jetant un schal sur les épaules, m'entraîna dans le jardin.

CHAPITRE III.

Je ne sais si j'ai oublié de dire au commencement de ma narration, que dès ma naissance une longue chaîne d'or, à laquelle était suspendue une boîte du même métal, enrichie de diamans, ne m'avait jamais quittée ; que cette boîte contenait deux portraits et un petit papier, le tout soigneusement fermé au moyen d'une petite clef dont ma nourrice et Mad. de Lubière ne furent jamais en possession. Ces bijoux mystérieux furent dans ce moment ôtés de mon cou par la perfide Nanci, qui, sous prétexte que j'avais oublié de les poser en me déshabillant, les plaça elle-même sur ma toilette.

Dès que nous eûmes fait quelques tours dans le jardin, durant lesquels elle me fit mille caresses, me parlant de sa reconnaissance pour l'heureux changement que ma bonté avait apporté à sa situation, le bruit d'une chaise de poste se fait entendre et s'arrête devant notre porte. C'est maman, s'écrie-t-elle ! et Etienne est couché ; courons lui ouvrir la grille. Elle s'élance, je la suis ; mais voyant des hommes et non Mad. de Lubière, je rentre promptement dans le jardin, sans m'informer de ce que ce pouvait être, ne songeant qu'à regagner mon appartement au plus vite, bien mortifiée d'avoir été aperçue à pareille heure et en bonnet de nuit. J'avais à peine atteint l'escalier qui conduisait dans ma chambre, que je me sens tomber un linge sur la figure, qui fut lié très-lestement ; en même temps une personne me saisit par le milieu du corps, et m'emporte dans la chaise qui est entraînée aussitôt avec une vitesse extraordinaire. J'avais poussé des cris et m'étais débattue jusqu'à ce que, cédant à la violence de ma juste frayeur, je restai sans connaissance dans les bras de mes ravisseurs.

J'ignore combien de temps dura le premier évanouissement ; mais lorsque je repris mes sens, je me sentis mollement couchée sur des coussins suspendus, selon l'usage des voitures dont les Princes turcs se servent pour voyager.

Les ténèbres de la nuit nous enveloppant encore, il me fut impossible de distinguer qui était auprès de moi; seulement j'aperçus deux hommes assis, l'un à mon chevet et l'autre à mes pieds. Des parfums délicieux embaumaient l'intérieur de la voiture ; mais un silence profond y régnait en dépit des instances que je fis pour savoir avec qui j'étais, où on me conduisait, et ce qu'on prétendait faire de moi.

En vain j'appelais du secours, en vain je suppliais qu'on me reconduisît au lieu d'où l'on venait de m'arracher, je n'obtins pas une parole. Epuisée et me sentant fort mal, je laissai échapper des cris douloureux, on se saisit d'une de mes mains, et plaçant le doigt sur l'artère, on trouva apparemment que j'avais besoin de prompts secours. Approchant alors de ma bouche une petite fiole, on me fit avaler d'une liqueur d'assez mauvais goût, qui, ayant fait cesser les angoisses que j'éprouvais, couvrit tout mon corps d'une sueur glacée, et me laissa sans vie pendant plus de trois jours : ce que je n'ai su que par la distance de Paris à la première ville où mes ravisseurs crurent pouvoir s'arrêter, après avoir couru nuit et jour grande poste pour arriver sur le territoire autrichien, sans prendre la route ordinaire.

Ayant ouvert les yeux pour la seconde fois, je me trouvai dans une fort belle chambre, étendue sur un lit élégant, devant lequel était, dans une attitude contemplative, le prince Achmet et son médecin. A son aspect la frayeur, l'indignation semblent vouloir me donner des forces : je veux m'élancer du lit pour courir à la fenêtre ; ma faiblesse extrême me fit retomber sur moi. Arrêtez, Madame, me dit le Prince, calmez, je vous en conjure, vos craintes et votre désespoir. Je sais combien je dois vous paraître coupable ; mais daignez m'entendre, et soyez assez généreuse pour me pardonner en faveur de l'intention.

Barbare ! m'écriai-je, quelle circonstance peut vous servir d'excuse ; que prétendez-vous faire de moi ? m'enfermer dans un harem, et me rendre la vile esclave de vos plaisirs ? N'espérez pas m'entraîner plus loin ; je mourrai mille fois avant d'y consentir. « Charmante Eliza, quel que

» soit votre courroux, croyez que
» celui qui vous adore, jaloux de
» vous posséder, jure par Mahomet
» de ne rien tenter contre votre li-
» berté ni votre honneur! Votre
» amour, votre confiance sont les
» seuls biens que je désire; le reste
» pourra peut-être un jour en être
» le résultat. Cessez de vous alarmer
» sur ma conduite et mes intentions,
» et voyez en moi un amant soumis
» à vos moindres volontés, aussi res-
» pectueux que tendre, et toujours
» empressé à mériter ces sentimens
» qui font ma félicité, et dont il
» vous plaît, Madame, de me taire
» l'expression. » ...... Qu'entends-je,
Seigneur! et quels sentimens pouvez-vous me supposer? qui a pu vous faire croire que je fusse capable de

vous aimer, lorsque vous ne m'inspirez que de l'éloignement? Etrangère à l'amour comme à l'ambition, je ne désirais d'autre bonheur que celui dont je jouissais au sein de la plus digne des mères; rendez-moi à sa sollicitude, à ses soins, si vous n'êtes pas le plus cruel de tous les hommes. Je n'en pus dire davantage; la violence des sensations, l'effort que j'avais fait pour me lever et parler, ayant complettement épuisé le peu de forces qui me restaient, je perdis encore l'usage de mes sens.

On ne négligea rien pour me ranimer; et, rendue à la vie, le médecin ordonna de la nourriture et du repos. Achmet ayant demandé une femme pour me soigner, j'eus le plaisir de me voir seule avec une personne de mon sexe, mais qui malheureusement ne parlait pas ma langue; ne connaissant pas la sienne, qui était l'allemande, je ne pus l'engager à rien pour me servir, ni même savoir d'elle dans quel endroit j'étais; je ne l'appris que par celui qui m'y avait conduite, et cela quand nous fûmes partis, bien que ma santé dérangée nous obligeât d'y rester un peu plus long-temps qu'on ne l'avait désiré.

Quoique mon abattement fût extrême, la vivacité de mon caractère, l'inquiétude naturelle à ma position, le désir de m'échapper, tout concourant à troubler la tranquillité dont j'avais besoin, je me levais, je me promenais dans la chambre, examinant s'il y aurait moyen de sauter par la fenêtre, en cas que je ne pus rien obtenir par mes larmes; après quoi m'étant mise à genoux pour prier, je le fis avec une telle ferveur, que cédant à l'excès d'une dévotion animée par le désespoir, je tombai la face contre terre, inondant le plancher de mes pleurs! La femme qui me gardait voyant mon affliction, et ne pouvant se faire entendre, me donnait par des signes quelques marques de sensibilité, qui me firent penser qu'elle avait deviné le sujet de mes infortunes, quand tout à coup le Prince rentra dans ma chambre, et resta quelque temps consterné de l'état où il me voyait réduite.

» Suis-je donc assez malheureux,
» Madame, pour voir encore couler

» vos larmes ? et n'obtiendrai-je pas » un peu de confiance pour en tarir » la source ? » Il ne tiendra qu'à vous, Seigneur ; accordez-moi ce que je vous demande, et elles cesseront de couler.

« Qu'il me soit permis, Madame, » de vous instruire de quelques cir- » constances que vous ignorez, et » après cela qu'il vous plaise de juger » plus favorablement la conduite de » celui qui saura respecter vos ordres, » et se soumettre à tout ce que vous » exigerez. » M'étant relevée, je priai Achmet de s'expliquer, et il le fit en ces termes :

« Une cruelle ennemie avait résolu » votre perte ; . . . . . Je connais vos » malheurs, Madame, votre nais- » sance aussi bien que vos vertus et

» vos

» vos charmes ; et je vous prie de
» croire que quel que fût mon amour
» pour votre adorable personne, je
» n'eusse jamais eu la témérité de
» vous arracher de l'asile que vous
» embellissiez, si je n'eusse été ins-
» truit des dangers qui vous mena-
» çaient, et que toute la prévoyance
» de la Dame respectable qui vous
» tenait lieu de mère n'aurait pu
» écarter ; je délibérai sur le parti
» qu'il y aurait à prendre pour vous
» en garantir, n'en voyant aucun
» qui ne présentât des difficultés ou
» de fâcheux résultats pour Mad. de
» Lubière, qui peut-être même eût
» révoqué en doute la perfidie de sa
» coupable fille, je me suis laissé
» entraîner au désir de vous posséder,
» avec une confiance et une illusion

» d'autant plus douces que Narcisse
» m'assurait que vous m'aimiez ; et
» que la crainte d'être soumise aux
» lois de notre Prophète était le seul
» obstacle qui s'opposât à notre féli-
» cité. Votre main m'avait été refusée,
» je ne pouvais rien espérer de Mad.
» de Lubière ; Narcisse me proposa
» de vous enlever, Madame, autant
» disait-il, pour votre bonheur
» que pour ma propre satisfaction ;
» et l'absence de sa noble mère ve-
» nant couronner nos vœux, en
» accéléra l'occasion. »

Ah Seigneur ! que venez-vous de m'apprendre ! Quoi, j'ai pu être l'objet d'une trahison si noire ! Eh vous n'êtes coupable que par erreur ! Malheureuse Nanci ! quel mal t'avais-je fait ? fallait-il qu'une jalouse fureur t'engageât à commettre un crime envers celle qui t'avait rendue à la vie, à l'honneur et à la meilleure des mères ?... Je n'en puis plus douter, Seigneur, vous n'êtes point aussi criminel que vous me le parûtes avant ce fatal éclaircissement.... Mais quelle conduite dois-je tenir maintenant? conseillez-moi en père.... O Dieu, éclairez-moi ! Ma douleur fut sans bornes. Le Prince debout auprès de moi essayait en vain tout ce qu'il croyait propre à me calmer, et voulant me donner une preuve qu'il ne m'avait pas trompée, il fit apporter un paquet dans lequel étaient quelques linges et deux robes qui m'appartenaient, dont ma perfide ennemie avait eu soin de me pourvoir pour les besoins de la route, et pour me charger aux yeux de ma chère Mad. de Lubière. Ayant fait signe à ma garde de le découdre, un papier tomba en dépliant les premiers effets qui se trouvaient à l'ouverture; on me le présenta, il était à mon adresse.

Trop anéantie pour voir ce qu'il contenait, je le remis à Achmet, en le priant d'en faire la lecture. L'ayant lu à voix basse, il frappa plusieurs fois du pied contre terre avec un air indigné, en prononçant des mots que je ne compris pas, et s'approchant de moi: « Pardonnez, chère » Eliza, si je vous rends cet écrit aussi » odieux que la main qui l'a tracé; et » en le recevant comme une preuve » nécessaire à ma justification, soyez » convaincue de la peine que je ressens » à vous affliger par une lecture in-

» digne de votre attention. » En disant cela il me regardait avec une expression de chagrin si fortement empreinte que son visage en était décomposé ; car on ne fut jamais plus sensible que l'était ce Prince vertueux.

Ayant pris ce détestable objet, j'y lus ce qui suit :

Lettre de Nanci de Lubière à Elisa de ***

Insupportable créature ! toi qui m'enlevas le cœur de ma mère, ma fortune et les hommages qui m'étaient dus ! (c'était mon plus grand crime) as-tu pu croire aux témoignages de mon amitié, de ma reconnaissance ! je ne t'en devais point, puisque tu avais adroitement usurpé tous mes droits, j'en suis vengée aujourd'hui ; tu es vendue, tu es encore trop heureuse que l'amoureux turc ait bien voulu se charger de ta chétive personne. Vas, fuis avec lui, vas augmenter le nombre de ses esclaves... Toi qui aime à commander, tu auras des eunuques à tes ordres, tu es bonne pour le harem; mais si la fantaisie de t'échapper, te ramenait en France, tremble! car rien ne pourrait te soustraire à mes justes fureurs..... Au reste, j'aurai soin de tourner le blâme de ton départ du côté nécessaire.

Je n'eus pas le temps de finir cette lecture abominable, que ma poitrine se gonfla d'une étrange manière; j'étais prête à suffoquer, des crispations nerveuses se firent ressentir dans tous mes membres, et durèrent plus de deux heures sans pouvoir se calmer. Achmet désespéré, court éperdu, fait venir son médecin et toutes les femmes de l'auberge; on me met au lit, et me prodiguant tous les secours possibles, on crut ne pouvoir me rappeler à la vie; une fièvre violente, des transports effrayans avaient succédé aux convulsions, et pendant cinq jours que dura cet état affreux, le Prince ne quitta mon chevet que dans les instans que prescrit la décence : deux femmes furent constamment occupées dans mon appartement, et Achmet leur disputait encore le soin de me faire prendre des médicamens. Dans les courts intervales que je ne rêvais pas, j'essayais d'implorer le secours du Ciel, mais je n'avais pas plus de facultés pour m'adresser à Dieu qu'à ses créatures ; alors le bon, l'attentif Achmet, devinant ma pensée, se mettait promptement à genoux, et les mains levées vers le Ciel, adressait des vœux au Prophète.

Sur la fin du cinquième jour, la fièvre ayant cessé, je dormis d'un sommeil profond, pendant lequel je rêvais que j'avais trouvé mon père et qu'il allait finir mes infortunes : dans l'illusion de ce songe flatteur, j'étendis les bras pour l'embrasser, et rencontrant une figure près de la mienne, je lui donnai deux baisers ; mais un cri de joie m'ayant éveillée, je vis le Prince, dont la tête, appuyée sur mon oreiller, avait été l'objet de mon erreur. J'en frémis ! et me cachant sous mes couvertures, j'y eusse resté étouffée de honte et de dépit, si le médecin et les femmes ne se fussent empressées de venir reconnaître mon état : on déclara que j'étais hors de danger ; et Achmet, cédant au plaisir que lui causait cette nouvelle, hasarda de me parler de son amour, ajoutant qu'il serait heureux si ces baisers étaient un gage de ma tendresse. Je l'accablai de reproches, le priant de ne plus se présenter à ma vue.

Néanmoins je lui dois cette justice, qu'ami de la prudence et scrupuleux observateur des bienséances, il ne se permit jamais la moindre liberté capable de m'alarmer, et qu'il me montra un repentir sincère d'avoir fait son profit d'une erreur. Cependant jamais songe n'eut une réalité plus prompte et plus remarquable que celui que je fis dans le moment, comme on pourra en juger par les événemens qui suivirent.

Reprenant peu à peu de calme pour pouvoir faire quelques réflexions sur le parti que j'avais à prendre ; je conclus que trop jeune, trop faible encore et trop dénuée pour hasarder quelques démarches dans un pays où je ne connaissais personne de qui je pusse me faire entendre, le plus sûr était de flatter Achmet par une preuve de confiance, bien persuadée qu'il serait trop délicat pour en abuser. Fixée à cette idee, je démandai à l'Être-suprême de m'inspirer et de l'engager à favoriser mes vues : il entra comme je faisais mon oraison, et s'arrêtant jusqu'à ce que j'eusse fini, il me dit qu'il venait de remercier le bienfaisant Prophète de ce que j'étais rendue à ses vœux et à son amour. Ce dernier mot me glaça d'effroi ; lui ayant dit que je désirais l'entretenir, il fit retirer ses gens, et s'approchant de moi, il se saisit d'une de mes mains qu'il porta à ses lèvres ; je la retirai brusquement... « Pourquoi, bien chère Eliza, » refusez-vous cette légère faveur à » celui qui vous adore et qui attend » avec une impatience extrême les » ordres qu'il vous plaira lui donner ? » Eh ! que ne vous dois-je pas pour la » volupté dont vous m'avez enivré il y » a peu d'instans ! » Souvenez-vous, Seigneur, que je rêvais, et qu'il est indécent de me rappeler une circonstance qui me fait rougir à mes propres yeux, et que vous n'avez due qu'à l'illusion d'un songe. Vous voyez le triste état où vous m'avez réduite ; les horribles détails que vous m'avez appris m'ont mise sous votre dépendance absolue ; mais confiante dans les vertus qui embellissent votre ame, je crois, Seigneur, que les plus nobles actions, quelque grandes, quelque difficiles qu'elles puissent être pour tout autre, ne le seront jamais assez pour vous. Soyez donc assez juste envers vous-même, assez magnanime envers moi pour faire abnégation de vos sentimens, et me donner les conseils d'un sage Mentor.

Achmet m'ayant remercié de la confiance que je lui marquais, me dit qu'il ne croyait pas pouvoir mieux justifier la bonne opinion dont je l'honorais, qu'en écrivant au Consul, son ami, pour s'avouer coupable, le prier de voir ce qui se passait chez Mad. de Lubière, la prévenir que j'allais lui être rendue aux conditions que je n'habiterais plus avec l'infâme Nanci, dont la lettre fut incluse dans celle du Consul, avec la prière de ne rien tenter contre la fille de celle à qui je devais tout, et qui mieux que les lois pouvait la punir de son crime.

J'eus la satisfaction devoir expédier le paquet; et forcée par ma santé, autant que par les dangers de cette conjoncture, d'en attendre la réponse, qui n'arriva que huit jours après, j'eus le temps, avec le généreux Achmet, de faire quelques promenades dans les environs.

Mon rétablissement s'opérait de jour en jour, mais mille pensées affligeantes faisant succéder une mélancolie profonde à la maladie, prolongeaient ma convalescence.

Achmet, faisant tous ses efforts pour m'en distraire, voulut me conduire à Gand, pour y voir ce qu'il y avait de remarquable ; on nous montra le palais de Joseph II ; sa bibliothèque, qui est une des plus riches de l'empire, est remplie de choses curieuses ; la ville est grande, propre et bien bâtie. Ostende où nous étions, ne nous offrit rien qui fût digne d'attention, excepté des femmes qui sont fort belles, comme j'ai remarqué qu'on en trouve en plus grand nombre dans les pays où on boit beaucoup de bière et de lait, que dans ceux où on fait usage du vin ; du reste on y est très-bigot ;

car le Prince voulant m'attacher une personne de mon sexe, pour me servir jusqu'à Constantinople, lorsque je me vis dans la nécessité de l'y suivre, on ne put jamais engager une pauvre fille à venir faire sa fortune avec nous, tant elle avait peur de compromettre son salut chez les turcs.

Enfin la réponse du Consul étant arrivée, j'appris avec douleur que Mad. de Lubière, après avoir réclamé auprès de lui l'arrestation d'Achmet, qu'on jugeait avoir pris la route d'Italie, l'avait accablé de reproches pour avoir introduit chez elle le ravisseur de l'innocence; et que dans l'impatience et le désespoir, elle avait volé sur nos traces; que la perfide Nanci avait disparu après avoir touché des sommes considérables chez les banquiers de sa mère, et qu'on ignorait de quel côté elle avait passé. Le Consul grondait son ami sur la facilité qu'il avait eue à se laisser entraîner dans un acte aussi violent; et le conjurait, au nom de l'amitié, de me laisser libre de le suivre, ou de revenir à Paris, où on m'eût placée sous la protection de quelqu'un, jusqu'au retour de Mad. de Lubière, dont la maison était fermée, ce qui faisait croire que son intention était de ne revenir qu'avec sa fille ou moi, fuite qui pouvait la conduire fort loin, et nous faisait même douter que ne nous trouvant pas en Italie, elle viendrait me réclamer directement à la Sublime Porte. Ces conjectures faites par le

Consul même, étaient accompagnées d'une exhortation au Prince pour l'engager à respecter ma grande jeunesse, et les principes de morale dans lesquels j'étais élevée, de me traiter en père bien plus qu'en amant, dans le cas où je voudrais hasarder de le suivre.

Je remerciai sincèrement le Consul pour l'intérêt qu'il prenait à ma personne, et rêvant un moment sur ce qui me restait à faire ; l'idée de mon isolement en retournant à Paris, l'éclat qu'avait pu faire mon enlèvement, et l'opinion qu'on avait pu prendre des apparences, joints à la crainte de voir tarder le retour de ma digne mère, et la possibilité de la trouver à Constantinople me firent prendre la résolution d'y aller, si toutefois je pouvais obtenir d'Achmet ce que son ami lui demandait pour moi.

A quelle décision s'arrête ma charmante Eliza ? me dit le Prince, voyant que je gardais le silence : — A vous suivre, Seigneur, si vous me donnez votre parole de déférer aux avis du Consul ; et si renonçant à des sentimens auxquels je ne puis répondre, vous me promettez de n'être pour moi qu'un protecteur, un ami, n'osant pas vous demander le titre de père. « Eh ! quelle qualité, chère » Eliza, plus douce que celle de père » pourra remplacer celle que mon » cœur vous donnait. Consentez donc » d'être ma fille, rendez-moi le plus » heureux des pères ; mes biens sont » considérables, qu'ils deviennent

» votre partage, et Achmet mourra
» content. Je ne vous demande pour
» toute condition que de ne point
» marquer de mépris pour notre culte
» et nos mœurs ; autant qu'il me sera
» possible, sans braver nos usages,
» vous jouirez de toute la liberté
» convenable à vos goûts et à vos
» habitudes ; vous habiterez la ville
» ou la campagne, selon votre choix,
» et si vous retrouvez votre digne
» mère, si je ne puis l'engager à
» vivre au milieu de nous, alors
» vous serez libre de la suivre ou de
» rester ; mais qu'il me soit encore
» permis de vous demander, Madame,
» si le plus tendre des pères n'aura
» pas le bonheur d'embrasser son
» adorable fille, et de passer auprès
» d'elle ses heures de loisir ! » Je

rougis, et m'inclinai pour toute réponse; je soupirai, mais pas pour lui.

La détermination que je venais de prendre sentait tellement le désespoir et l'inconséquence de mon âge, qu'en y réfléchissant, je ne sais si au nombre des motifs qui me portaient à cet acquiescement, il ne se mêla pas un désir secret de voir de près une nation si peu connue, dont les coutumes sont si différentes des nôtres; de parcourir des contrées si dignes d'attention et de l'intérêt des voyageurs; car lorsque le Consul (*)

(*) Je ne crois pas devoir taire plus long-temps le nom de ce Consul; l'on devinera aisément que c'est de Napoléon Bonaparte dont j'ai voulu parler. Les circonstances auxquelles se rattachent mes infortunes prouveront assez que je ne peux me dispenser de le nommer, malgré que je m'en sois abstenue au commencement de mes mémoires.

dans ses visites, voulait bien entrer dans quelques détails sur son expédition en Egypte, sur les mœurs de cette antique nation et les merveilles de ce pays, toutes mes facultés étaient suspendues par le plaisir et l'attention : je m'y transportais en idée ; et tout ce qu'Achmet nous disait de sa patrie avait pour moi le même charme avant qu'il me parlât de son amour.

Quelques jours s'écoulèrent encore pour achever mon rétablissement et faire les apprêts du départ. L'intendant eut ordre de nous devancer pour les arrangemens nécessaires à notre arrivée, et en vingt-sept jours nous fûmes rendus par Vienne à Constantinople.

Comme le prince Achmet n'avait amené en France qu'une dizaine d'esclaves, son intendant et son médecin, cette suite n'était pas suffisante pour nous garantir des dangers de la route depuis une partie de la Hongrie jusqu'à Sophia. Ayant été attaqués par des bandits dans une forêt à quelques milles de Raab, nous prîmes une escorte à Comora. A Essek nous fûmes fêtés par le Gouverneur qui nous fit accompagner d'une trentaine de cavaliers jusqu'à Patervaradin; et à Belgrade nous prîmes des janissaires jusqu'à Nissa, et ainsi de suite.

En traversant la Servie et quelques villages bulgares nous eûmes constamment sous les yeux les tableaux de la misère la plus complète. Nous ne faisions pas un demi-mille sans être arrêtés par quelques malheureux qui sollicitaient des secours, ou offraient leurs enfans et eux-mêmes comme esclaves pour se soustraire au besoin. Ah ! combien alors j'eus occasion d'admirer la bonté noble et compatissante du bienfaisant Achmet! il ne renvoyait personne à mains vides ; à l'un, il paya le petit tribut exigé par le Pacha ; à un autre, il racheta le seul fonds qu'on lui avait pris pour dettes ; à un troisième, dont le père était malade et sans secours, il envoya son médecin et de l'argent ; enfin il fit éclater sa bonté vraiment paternelle chez un quatrième au petit village de Kiskoï. Nos Janissaires, chargés de pourvoir aux provisions de bouche, vinrent nous dire qu'un paysan refusait de donner un agneau et quelques poules qu'ils avaient demandés, et désirant savoir quel châtiment ils devaient exercer sur ce sujet rebelle : aucun, répondit Achmet, en descendant du carrosse, conduisez-moi chez lui. Je demandai la permission de le suivre ; s'étant hâté de me donner sa main, nous fûmes chez le pauvre homme. Cet infortuné voyant venir le Prince, se jeta aussitôt à genoux, la face contre terre, environné de huit enfans qui tous firent comme leur père, en poussant des cris lamentables, ne doutant pas qu'il ne fût puni de mort. Le Prince les ayant fait relever, leur demanda avec bonté pourquoi ils s'affligeaient ainsi. Hélas ! Seigneur, répondit le père, j'ai déplu à votre grandeur ; si le saint Prophète vous ordonne de me punir, me

voilà ;

voilà ; mais ayez pitié de ma femme et de mes pauvres enfans. — Combien en as-tu ? et quelles sont tes possessions, lui dit Achmet ? — J'en ai quinze, tous fort jeunes ; quatre poules, une brebis et son agneau ; deux arpens de terre composent tout mon bien pour les nourrir ; et si je les avais laissés enlever par vos Janissaires, que me serait-il resté ? Je vous demande pardon, Seigneur, pour ma désobéissance, je prierai Mahomet de vous bénir si vous ne me faites point de mal. — Je veux te faire du bien ; montre-moi tes enfans. Etant entrés dans sa bicoque, nous vîmes cinq petits enfans tout nus, et couchés sur des nattes de paille ; la mère, placée auprès d'eux, s'occupait à tresser des corbeilles de jonc. On ne voyait

pas le moindre carreau, pas un hamac; toute la famille dormait sur des nattes. « Voilà, me dit Achmet,
» le sort d'un grand nombre d'habitans de nos contrées; car, bien
» que Sa Hautesse recommande ses
» sujets à ses Pachas des provinces
» de son vaste empire, qu'il leur
» donne des capitaux immenses pour
» répandre des aumônes sur les
» infortunés; il arrive souvent que
» ces ordres sont violés de la manière la plus révoltante par ces
» gouverneurs avides et jaloux de
» leur pouvoir. Ayant remis à cet
» homme une bourse pleine d'or:
» tiens, lui dit-il, achète du terrain
» et travaille; habille tes enfans et
» donne m'en deux de ceux qui te
» chargent le plus, je les ferai élever

» dans le commerce et la marine, afin
» qu'un jour, utiles à l'État, ils le
» soient aussi à leur famille.

Cela dit, le père transporté de joie embrasse les genoux d'Achmet, adresse mille vœux au Prophète, et remet entre les mains des esclaves du Prince deux garçons âgés de huit à dix ans.

De là jusqu'à notre destination il ne nous arriva rien qui mérite d'être cité ; nous nous reposâmes un jour entier à Andrinople, et fûmes saluer le Patriarche, ce vieillard vénérable, qui estimait beaucoup le Prince, nous fit un accueil distingué ; et voyant que j'étais chrétienne, il le supplia de respecter mon culte, et de ne rien faire pour m'en faire changer. Et moi, mon père, lui dit Achmet, j'ose vous demander pour ma chère fille votre protection et vos saints avis, au cas qu'elle en aît besoin. Ce Chef de l'Eglise grecque s'inclina, et passant sa main sur mon front : « Soyez aussi heureuse » qu'innocente, me dit-il, et n'oubliez » jamais que Dieu est votre père, » votre premier protecteur ; que dans » quel lieu, dans quelle position que » vous soyez, vous pouvez lui rendre » secrètement les hommages qui lui » sont dûs, et qu'il entendra vos » vœux. »

J'eus un plaisir extrême de voir et d'entendre ce bon vieillard ; mes réponses avaient paru le satisfaire, et après la courte exhortation qu'il me fit, il me sembla que j'étais animée d'une force nouvelle ; ma gaieté renaissait, ma confiance dans les vertus d'Achmet s'accroissait de jour en jour; et voyant combien il eût été glorieux d'appartenir à un tel homme, je regrettai de n'être pas sa véritable fille.

CHAPITRE IV.

Il était nuit lorsque nous entrâmes à Constantinople. Un silence absolu régnait dans la ville, qui n'était éclairée que par le crépuscule et quelques lampes appartenant aux maisons des plus riches particuliers ; on ne rencontrait çà et là que quelques esclaves, se glissant comme des ombres le long des murs. Rien ne me parut triste comme cette capitale ; mais lorsque nous passâmes devant la bourse, Achmet faisant arrêter un moment ses chevaux, me donna le temps de contempler la beauté du quartier. Je fus éblouie de l'éclat de l'illumination, de la propreté des trottoirs et de la magnificence des magasins remplis de tout ce que l'univers produit de plus riche et de plus rare. Arrivant ensuite au Palais d'Achmet, nous le trouvâmes illuminé; ses nombreux esclaves élégamment vêtus, formaient une haie au milieu de laquelle nous passâmes: les uns tenaient des bougies, d'autres des vases pleins de parfums qui embaumaient l'air; d'autres des corbeilles de fleurs et de fruits. . . . . Le Prince m'ayant regardée pour voir l'impression que tout cela faisait sur mon ame, je souris, et lui faisant compliment de sa splendeur et de sa galanterie, je lui demandai la permission d'offrir à ses gens une petite marque de ma bienveillance: je ne puis rien refuser à mon Eliza, me dit-il, et me présentant sa bourse, je donnai à chacun une pièce d'or qui fut reçue avec une reconnaissance visible ; puis les ayant tous rassemblés dans un vaste salon, il en nomma dix pour le service de ma table et pour accompagner mon équipage : dans ce nombre étaient deux nègres fort beaux pour garder ma porte.

Il me présenta encore dix femmes, dont quatre jeunes et belles, étaient pour les agrémens de la société ; et les six autres pour ma toilette et les ouvrages de mon harem. Leur ayant ordonné à tous de me respecter et de me servir avec fidélité, tous se mirent à genoux, me jurant soumission et dévouement, en demandant mon indulgence pour les fautes involontaires qu'ils pourraient commettre ; et je leur promis à tous de les récompenser s'ils faisaient leur devoir.

On me conduisit ensuite dans mon appartement qui se composait de sept pièces : bibliothèque, salon, chambre à coucher, et quatre cabinets ou cellules pour la toilette, la dévotion et l'étude.

Ma surprise fut extrême en voyant l'arrangement de ma chambre à coucher ; les lambris étaient couverts d'une tenture tissue d'argent, au long desquels régnait de chaque côté des sofas d'étoffe couleur de feu, brodés et garnis de franges d'argent ; derrière quatre colonnes de jaspe était mon lit de même étoffe que celle des carreaux ; et en face, dans une large embrasure, on avait placé une commode toute dorée, et dont le dessus était chargé d'une quantité de bagatelles à l'usage de la toilette, tels que des parfums de toute espèce de compositions, un grand pot de baume de la Mecque, et une cassette pleine de bijoux précieux.

Remerciant Achmet pour les agrémens qu'il me destinait, je lui marquai mon embarras sur la difficulté de me faire entendre de mes femmes, mais tout était bien prévu. Parmi les quatre consacrées à mes plaisirs, il était une jeune Grecque nommée, Zolina, qui ayant été l'objet des soins d'un ambassadeur français, avait appris ma langue, qu'elle parlait assez intelligiblement, et pouvait me servir d'interprête; elle avait été élevée par le Capitan-Pacha qui, ami d'Achmet, n'avait consenti à lui céder cette fille qu'à condition qu'il lui serait permis de voir la jeune chrétienne pour qui l'intendant du Prince avait voulu l'acheter.

— Voilà, me dit en soupirant le prince Achmet, ce qui m'inquiète le plus : « Dans trois jours je régale » mes amis, le Capitan-Pacha étant » du nombre, me rappèlera ma pro- » messe, et tous voudront voir ma » bien chère Eliza. Je ne puis me » défendre d'un peu de jalousie, ajou- » ta-t-il, bien qu'elle ne me soit » pas permise, puisque je dois être » votre père, et qu'un père jaloux » paraîtrait ridicule ; mais j'ai des » amis bien dangereux. »

Je le plaisantai sur l'idée qu'il avait du pouvoir de mes charmes, et lui montrant mes femmes qui se trouvaient à l'écart : voyez, lui dis-je, Seigneur, elles sont toutes plus jolies que moi, et je ne sais vraiment comment j'ai pu vous plaire avec une figure aussi irrégulière, lorsque vos yeux sont habitués à ne voir que des beautés parfaites. Il me mit un doigt sur la bouche : « Petite enchanteresse, » s'écria-t-il, comptez-vous pour rien » l'éclat incomparable de votre teint, » celui de vos yeux, dont l'expres- » sion..... » Il s'arrêta. « J'oubliais » ma parole, mais reprit-il, qu'est » la beauté des traits comparative- » ment à celle de l'esprit, aux grâces » de l'enjouement, aux vertus, aux » talens, aux connaissances, sans » parler de cette taille charmante, » de ces formes élégantes qui vous » distinguent de toutes les femmes

» de

» de ce pays ? Pardon, ma chère » fille, si les vérités vous blessent, » je ne vous tiens ce langage que » pour vous accoutumer à être plus » juste envers vous-même, et cha- » cun pensera comme moi. »

On nous servit un souper aussi abondant que délicat, après lequel Achmet ayant pris congé de moi, me souhaita un heureux repos..... Mes femmes s'empressèrent à me déshabiller. Depuis que nous étions partis d'Ostende personne ne m'avait rendu ce service, n'ayant point de femmes avec moi, et m'étant rarement déshabillée pendant la route ; je n'avais pas non plus dormi jusqu'à Andrinople, quelle que fût la fatigue que j'éprouvai. Elles me conduisirent au bain, où l'on pouvait descendre par un petit escalier, dont l'issue se trouvait derrière mon lit; et après le bain on me frotta la figure et le corps avec du baume de la Mecque, et par ces soins je dormis profondément jusqu'au milieu du jour.

Déjà l'antichambre était remplie de marchands et d'étoffes à mon choix. Le Prince impatient de me voir paraître, et inquiet sur ma santé, ordonna à mes femmes de m'éveiller pour m'annoncer que l'heure du dîner était proche.

Ma toilette finie, Achmet se rendit auprès de moi, et m'ayant demandé un baiser, je rougis et lui présentai mon front. « C'est un » baiser paternel, me dit-il; il ne » doit pas effrayer ma chère fille. » Ensuite faisant apporter dans ma chambre toutes les marchandises qu'il avait fait venir, il m'engagea dans le choix de tout ce qu'il y avait de plus riche, et m'en fit une emplette considérable, me priant de vouloir bien prendre le costume de sa nation; j'y consentis avec plaisir, me réservant néanmoins quelques modifications dans ce qui me déplaisait.

J'aimais les robes longues comme on les portait en France, avec des queues, et je voulus que celles qu'on nomme chemises en Turquie fussent faites de cette manière, et le cafetan court en forme de tunique; les manches longues et pendantes étaient à mon avis trop peu gracieuses, elles furent aussi réformées, et tous ces petits changemens approuvés d'Achmet, ne servirent qu'à me rendre plus agréable à ses yeux, et plus remarquable à ceux des autres.

Trois jours s'écoulèrent assez rapidement pendant lesquels je ne fus occupée que de la magnificence qui m'environnait, du soin de diriger le travail de mes femmes, de mes promenades dans les jardins immenses du Palais d'Achmet, et enfin des contes charmans que me faisait Zolina.

Cette femme, née d'une Dame de condition, avait été fort bien élevée; elle était spirituelle et remplie d'excellentes qualités; un beau-père aussi immoral qu'ambitieux, l'avait livrée à l'âge de quatorze ans à l'ambassadeur qui voyageait en Grèce, et auquel elle fut enlevée par le Capitan-Pacha ou grand amiral. La musique et les jeux remplissaient les intervales, jusqu'au moment où délassée des fatigues de mon voyage, j'employai tout mon temps à l'étude des langues.

Le jour qu'Achmet avait fixé pour recevoir ses amis étant arrivé, il me pria de me parer comme je l'étais lorsqu'il m'avait vue pour la première fois, et de vouloir bien assister au café et aux fruits, de condescendre au désir qu'il avait de donner une idée des talens qu'il admirait le plus, et qui, n'étant point connus dans l'Empire, procureraient à ses amis un plaisir nouveau.

Ce cas m'embarrassait un peu ; la timidité naturelle à mon âge ne m'eût pas permis de faire devant des français ce que je hasardais devant des turcs ; mais ce ne fut qu'après une heure de conversation très-animée sur différens sujets, qu'excitée à la gaieté par les saillies de deux Seigneurs fort aimables, je cédai aux instances qu'on me fit.

Comme quelques-uns d'entr'eux jouent un rôle assez remarquable dans ce mémoire, il me sera permis de les nommer tous.

Le Seliktar - Aga, premier seigneur de la cour, le Bostangi-Bachi, grand Chambellan de Sa Hautesse, le grand Salaor, ou premier écuyer de l'empire, Yusuf-Pacha, premier visir, le Reis-Effendi, ou ministre d'état, les trois grands Spahis, le Capitan-Pacha, un Seigneur arabe, et Oscar Neijif-Khan, prince Persan qui, fuyant la tyrannie de Feth-Aly-Schah, roi actuel, s'était fixé à

Constantinople après avoir parcouru long-temps incognito une partie des pays civilisés. Aussi distingué par son mérite que par sa naissance, il joignait à beaucoup d'instruction, un physique d'une beauté peu commune, qu'une douce langueur rendait encore plus touchante.

Placé vis-à-vis de l'estrade où j'étais assise, prenant peu de part à la conversation, ses grands yeux noirs, fixés sur moi, observaient tous mes mouvemens, en laissant pénétrer les secrets de son ame. J'exécutai sur la harpe quelques morceaux dont les airs tendres le firent soupirer et changer de couleur; il me supplia de recommencer une romance que j'avais chantée et qui lui faisait une vive impression; mais lorsque priée par Achmet de déclamer un morceau de la tragédie de Zaïre qu'il aimait beaucoup, je ne fus pas médiocrement surprise de voir le prince de Perse se placer à mes côtés, et me répondre les paroles d'Orosmane avec le ton le plus naturel, un charme si inexprimable, que je restai immobile d'étonnement, regrettant néanmoins de n'avoir pas appris la pièce entière pour la jouer avec lui. C'était bien là ce que j'attendais le moins de la part d'un homme de sa nation, quand, pour la rareté du fait, il nous apprit qu'étant aux Etats-Unis d'Amérique, ses relations avec un chevalier français, qui avait correspondu avec M. de Voltaire, lui avait inspiré du goût pour cet auteur, et il avait traduit tout son théâtre en langue persanne, nous assurant qu'il trouvait des rapports frappans entre les idées de ce poëte et celles des Orientaux. « Mais, reprit-il, en me » regardant d'un air tendre, lorsque » je me livrais à l'admiration due à ce charmant ouvrage, j'étais loin d'es- » pérer que je rencontrerais un jour » l'adorable Zaïre. » S'adressant ensuite à Achmet, il lui parla en arabe, et je compris que c'était de moi.

On servit des vins de Schiras et de Malvoisie; et le prince de Perse, le visir et le Séliktar s'étant approchés pour me prier de boire avec eux, je leur demandai si, en faisant usage de cette liqueur, ils ne craignaient point d'être privés à l'avenir des Houris que Mahomet promet à ceux qui suivront ses lois. Ils me répondirent galamment que lorsqu'on pouvait jouir du plaisir de voir sur la terre un objet divin, on oubliait aisément les promesses du Prophète; que lui-même avait aimé le bon vin, et qu'il n'en défendait l'usage qu'au peuple qui fait excès de tout. L'aimable Neijif-Khan, un peu moins silencieux qu'il ne l'avait été à mon entrée au salon, me demanda mes opinions au sujet de leur culte, ou plutôt de leur croyance; je lui répondis qu'exempte de préjugés comme je l'étais, mais aussi peu capable de porter un jugement vu la faiblesse de mes lumières, je croyais voir toutes les religions plus ou moins susceptibles d'erreurs et d'obscurités; que la leur me paraissait un mélange de beautés morales et de règles absurdes ; mais que le bien et le mal consistant dans l'intention et dans l'idée qu'on a des choses, il ne s'en suivait pas que pour être fidèle à sa croyance, telle qu'elle pût être, on fût coupable aux yeux de Dieu dont la miséricorde s'étend sur tous les peuples ; et que sa justice traiterait bien différemment les fondateurs de sectes erronnées, que les victimes qu'ils auront faites.

Que pensez-vous de Mahomet, me demanda le Visir, et auriez-vous de la répugnance à adopter ses principes ? « Votre Prophète, lui répon-
» dis-je, fut un grand général, un
» ami de l'humanité ; la pratique des
» vertus qu'il vous recommande lui
» fait honneur, mais je vous assure
» que je n'échangerai jamais les lois

» du Christ pour les siennes ; et que
» si on voulait m'y forcer sous tel
» prétexte que ce fût, on n'obtien-
» drait de moi que l'apparence, et
» je crois, Seigneurs, que vous êtes
» tous trop amis de la vérité pour
» me savoir gré d'un simulacre. ».....
Ils se regardèrent avec surprise, et s'inclinant profondément, ils m'assurèrent, pour me servir de leurs termes, que la charmante fille du prince Achmet, jouissant de toute la liberté de conscience, n'aurait à craindre de leur part qu'un excès d'admiration !

Que mes lecteurs me pardonnent ces petits mots de modestie qui sont bien moins dictés par la vanité que par le désir de rendre justice à la politesse des personnages illustres dont j'étais environnée. Peu habitués d'entendre

tendre des filles de mon âge parler avec autant d'assurance sur des matières sérieuses, ils me prêtaient plus de mérite que je n'en avais en effet.

Achmet flatté des éloges que me prodiguaient ses amis, sentait encore accroître le sentiment qu'il s'efforçait de vaincre. Je lui avais demandé un maître de langue ; il voulut se charger lui-même d'un soin qu'il eût été jaloux de céder à quelqu'autre, et chaque jour il employait deux heures de l'après-dîner à l'étude de cette science qui me fut familière en très-peu de temps.

De mon côté la reconnaissance et l'attachement dûs aux bontés de ce Prince généreux, prenaient dans mon cœur un tel empire que je ne pouvais résister au besoin de lui en donner des marques, bien que ce ne fût pas de celles qu'il désirait ; je lui prodiguais toutes les caresses enfantines que la décence pouvait autoriser en qualité de père.

Il soupirait souvent en me nommant sa fille chérie ; et quelquefois il s'arrachait à mes empressemens comme pour éviter un danger.

Le voyant rêver un jour avec inquiétude, je lui en demandai la cause ; il fit retirer mes femmes, et me parla en ces termes : « Les con-
» quêtes brillantes que vous avez
» déjà faites ici, ma charmante Eliza,
» me font frémir pour vous et pour
» moi !...... Deux hommes puissans,
» ne me supposant pour vous que
» l'amitié d'un père, à l'insu l'un
» de l'autre m'ont demandé votre

» main ; l'un est dangereux par caractère, et l'autre par ses charmes. » Le prèmier est le visir Yusuf-Pacha, » aussi passionné que jaloux, astucieux autant que persévérant ; » vindicatif et fier de son pouvoir » comme de ses richesses, il mettra » tout en usage pour vous obtenir, » et s'il ne réussit pas on aura tout à » craindre. Le second, qui est le » prince de Perse, n'emploîra que sa » tendresse.... Ah ! si je ne me trompe, » ajouta-t-il en me fixant, il est » pour moi le plus dangereux. » — Pourquoi, Seigneur, lui demandai-je en rougissant, et sentant battre mon cœur avec une violence extrême ? — « C'est, reprit-il, Madame, que » vous avez marqué du plaisir à l'entendre, et qu'il me demande la

» grâce de vous conduire à une petite
» fête qu'il donne en votre honneur,
» et dont vous devez faire le plus bel
» ornement. Mais s'il est vrai, ma
» trop chère Eliza, que vous n'ayez
» point d'aversion pour les Musul-
» mans, point de dégoût pour ma
» personne, consentez à devenir
» mon épouse ?... mon amour pour
» vous est extrême. Pourrai-je ré-
» pondre d'être fidèle à mes engage-
» mens ? Evitons par un prompt hy-
» ménée les tentatives de ceux qui
» vont me disputer le bonheur de
» vous posséder. Ce ne sont point
» les charmes du harem que j'ose
» vous proposer, ils seraient in-
» dignes de votre naissance, de vos
» vertus et de vos charmes ; non,
» ce sont ceux de la foi conjugale,

» sanctifiée par nos Emirs. Vous serez
» libre dans votre culte, libre dans
» vos actions, vous suffirez à mes
» plaisirs ; aucune autre, je vous
» le jure, ne recevra mes hommages.
» J'ai sur les bords du Bosphore,
» non loin de Bétchiktasch, un
» palais qui ne le cède en rien à
» celui du Grand Seigneur ; il ren-
» ferme des trésors immenses dont
» vous serez la maîtresse, comme
» vous êtes depuis long-temps la
» souveraine de ma pensée ; ma fé-
» licité ne se composera que de la
» vôtre, et tous nos jours seront
» marqués par de nouveaux plaisirs. »

Ne réfléchissant point sur ma réponse, je remerciai Achmet des honneurs et des biens dont il désirait me combler, l'assurant que l'affection respectueuse que j'éprouvais pour lui ne pouvait suffire à notre bonheur commun, selon l'idée que je m'étais formée des liens du mariage ; que je sentais que pour en bien remplir les devoirs et y trouver des charmes, il fallait un sentiment d'une autre nature que ceux dont j'étais mue ; que d'ailleurs trop jeune encore, espérant retrouver Mad. de Lubière, je ne devais point disposer de ma main ; mais si, malgré mon refus, il continuait à me traiter comme sa fille, je croirais mes malheurs compensés, et ne négligerais aucune occasion de lui prouver ma reconnaissance. L'ayant prié ensuite de vouloir bien transférer mon séjour à la campagne, afin d'y être à l'abri de toutes recherches, il m'observa qu'étant à l'entrée de l'hiver, qui est très-froid au voisinage du Bosphore, il craignait que ce ne fût nuisible à ma santé; qu'au surplus les intérêts de la cour le retenant à la ville, il ne lui resterait pas assez de temps pour être auprès de moi, et qu'étant sa plus chère occupation, il ne pourrait consentir à me négliger.

Il allait me presser encore sur ses propositions lorsqu'on vint lui annoncer que le prince Oscar de Perse l'attendait. Il me quitta pour le recevoir, et un instant après il vint me dire que Neijif-Khan lui avait demandé avec tant d'instance la faveur de me rendre ses devoirs, qu'il ne pouvait se dispenser de lui accorder ce plaisir, bien qu'il en craignît le résultat: m'ayant pris la main, il me conduisit au salon où était le Prince, qui vint aussitôt s'informer de ma santé; et, après m'avoir dit mille choses aimables, il me conjura d'honorer la fête qu'il donnait à ses amis, et à laquelle les dames de sa maison devaient avoir quelque part. — Si le seigneur Achmet daigne y consentir je m'y rendrai avec toute la joie que peut inspirer le plaisir d'être présentée à votre noble épouse!!! (Je crus devoir lui dire cela pour sauver l'embarras qu'il y aurait eu de paraître instruite de la demande qu'il avait faite de ma main.) Il regarda mon père comme pour l'interroger, et me répondit que dans les femmes qu'il aurait l'avantage de me présenter, aucune ne portait ce titre; que n'ayant pas trouvé d'objet qui en fût véritablement digne, il n'avait pas dû se presser pour le donner ; mais que depuis peu de jours un charme irrésistible l'entraînait vers celle qui seule pouvait à jamais embellir son existence et réaliser ses vœux.

Quoique je ne voulusse pas m'appliquer ces paroles, la douce émotion de sa voix, l'expression de ses regards me firent tressaillir malgré moi; je m'aperçus que mon visage pâlissait, et que les yeux d'Achmet, attachés sur moi, ne laissaient pas échapper les mouvemens dont je ne pouvais encore me rendre compte.

Assez généreux pour faire cesser mon trouble en détournant la conversation sans trop s'écarter du sujet, « ma très-chère fille, dit-il à son » ami, n'a d'autre ambition que » celle de s'instruire et de retrouver

» sa maman. Tous ses désirs sont » purs comme ceux des ames cé- » lestes. Sensible à tout, si ce n'est » aux charmes de l'amour ; ni les » caresses du zéphyr, ni les hom- » mages des brillans papillons, ni » les soupirs de la tendre Philomèle » n'auront jamais de pouvoir sur » son cœur. » Il ne tarda pas à voir qu'il se trompait : le sentiment de mes infortunes, toujours présent à ma pensée, établissant la sympathie entre les malheureux et moi, réservait à la douce mélancolie du prince de Perse ce que dans d'autres cas je n'eusse dû qu'à lui seul.

CHAPITRE V.

Le lendemain Achmet me conduisit au palais du prince Oscar ; ce dernier, après les complimens d'usage, me fit passer au lieu destiné à la fête. Dans un salon magnifique, ouvert sur les jardins, étaient réunies vingt-cinq femmes, toutes belles et vêtues comme des divinités ; dès que je parus elles se levèrent, et, s'inclinant profondément, formèrent un cercle autour de moi ; et après avoir répété à l'envi, *Yingi, guzercil pek-uzël !* épithète flatteuse, elles prirent leurs instrumens de musique, et exécutèrent dans cet ordre des airs charmans. Je priai Oscar de leur dire à chacune de ma part quelque chose d'aimable, qu'elles entendirent avec un plaisir d'autant plus vif, que leur maître adoré en était l'interprète. On passa ensuite dans le jardin où un dais était élevé sur un amphithéâtre orné de guirlandes de fleurs, avec une inscription en lettres d'or, qui annonçait l'opinion avantageuse que le Prince avait de moi. M'ayant fait asseoir sur l'estrade la plus élevée, couverte de riches carreaux, mes quatre femmes se placèrent à mes pieds, tandis que les siennes continuèrent à jouer et à danser. Le Prince, en me quittant pour recevoir ses amis, me dit qu'il laissait auprès de moi la meilleure partie de son être; et que malgré la petite distance qui allait régner entre son banquet et le nôtre, il

aurait

aurait toujours le bonheur de m'apercevoir.

Quelques momens après on servit le dîner selon l'usage Persan, sur des tables couvertes des plus fines toiles de Perse, d'une blancheur éblouissante; tous les services étaient d'or et de vermeil, les serviettes étaient de batiste, brodées en couleur; on nous les changea trois fois, et cent soixante plats nous furent présentés, tous étaient parfumés, tous étaient délicats; le plus grand nombre consistait en viandes, volailles et poissons; différentes salades aux végétaux, avec des œufs battus et du jus de citron; une quantité de pâtisseries et de confitures de toute espèce.

Les Seigneurs étaient réunis sous

un grand kiosque, à l'extrémité supérieure du jardin; un grand nombre d'esclaves et de musiciens formaient une barrière entr'eux et nous, et durant tout le dîner la musique ne cessa de jouer : on servit le café et les aukases dans des coupes de nacre à fleurs d'or, et après on ouvrit les tuyaux d'une petite fontaine de jaspe qui répandit de l'eau de roses pour se laver les mains, après quoi de jeunes esclaves vinrent parfumer nos habits.

Une des femmes de Neijif-Khan, moins gaie que les autres, s'était placée à table le plus près qu'elle avait pu de moi, me regardant sans cesse avec une sollicitude inquiète. Ayant dit à Zolina de lui demander de quelle nation elle était, elle répondit en italien qu'elle était vénitienne et malheureuse. Charmée de connaître sa langue, je liai conversation avec elle, la priant de me dire par quel accident elle se trouvait au harem du prince Oscar ; elle m'apprit que son père, armateur vénitien, ayant fait charger un petit vaisseau de marchandises pour le Caire, l'avait prise avec lui dans cette expédition ; qu'à leur retour un corsaire turc les avait attaqués près d'Alep, et les ayant vaincus, ils avaient été chargés de fers et conduits au port de Constantinople ; le Prince qui s'y promenait l'ayant trouvée agréable, l'avait fait acheter par son intendant, et depuis un mois qu'elle était dans son harem, elle ne pouvait faire que des éloges de ce

Prince aimable ; mais elle ne se sentait pas assez de forces morales pour se familiariser avec son esclavage ; elle finissait par me supplier en qualité de chrétienne de hasarder quelque chose pour l'arracher à sa triste position.

Je ne pouvais rien par moi-même ; mais connaissant la grandeur d'ame du prince Achmet, ses bontés pour moi, le désir qu'Oscar avait de me plaire, je ne doutai point que ma requête ne fût pleinement accueillie ; en conséquence j'assurai l'infortunée Cora (c'est ainsi qu'elle se nommait), que disposée à tout tenter pour la sauver, elle devait avoir confiance en moi, et prendre part au plaisir du moment.

Achmet et Oscar s'étant rendus

auprès de nous, me proposèrent une promenade à l'autre côté du jardin, où leurs amis souhaitaient, dirent-ils, me rendre leurs respectueux hommages. Je cédai à leur invitation avec empressement, ayant une prière à leur faire..... Oserais-je, Seigneurs, vous demander une grâce? et si vous êtes assez généreux pour me pardonner cette liberté, serez-vous assez obligeans pour m'accorder ce que je désire? — Ma chère fille, répondit Achmet, doit savoir que ses volontés sont des lois pour son père. Et vous, Seigneur, dis-je au prince de Perse, êtes-vous disposé à me faire un sacrifice? — Neijif-Khan se trouve heureux, Madame, qu'il vous plaise de désirer quelque chose de lui! Lui ayant exposé le fait, je lui demandai s'il lui serait possible de se défaire de la jeune vénitienne en ma faveur. « Je tiens peu à cette femme, » répondit-il; mais me fût-elle chère, » je la céderais de même que ses » compagnes, pour un soupir de la » charmante Eliza ! » Le reste est à votre charge, seigneur Achmet; daignez donc vous occuper du sort de cette infortunée, et me permettre de la prendre avec moi jusqu'au moment opportun pour la renvoyer dans sa patrie. Il y consentit, et comme nous arrivions dans le salon où étaient rassemblés les convives, je me vis aussitôt environnée de tous, et eus à supporter des regards et mille complimens auxquels j'eusse désiré me soustraire.

Mon costume avait excité l'admiration des femmes ; il fut aussi remarqué des hommes. Qu'il me soit permis d'en donner une idée.

Un pantalon de satin bleu céleste et brodé à petits pois d'or, descendait jusque sur ma chaussure ; une chemise de gaze d'or à grande queue, montait à moitié gorge, et laissait voir une partie de ma poitrine garnie d'un collier de diamans ; un cafetan de même couleur que le pantalon, brodé d'or sur les bords, formait une tunique des plus gracieuses ; les manches très-courtes, amples et serrées dans les bords par des bracelets, laissaient dépasser celles de la robe qui descendaient au poignet ; mes cheveux relevés formaient des touffes de frisures réhaussées avec des plumes de hérons, et un voile jeté sur le côté tombait jusqu'aux genoux.

Aussi fatiguée des regards de ces Messieurs, qu'impatiente de donner à Cora une nouvelle agréable, je demandai au Prince la permission de me retirer. Oscar s'en plaignit poliment, et m'ayant reconduite auprès des Dames, il dit à sa Vénitienne que grâce à ma sollicitude elle était libre dès ce moment, qu'elle allait me suivre, et qu'il la félicitait du bonheur dont elle allait jouir auprès de moi : il lui fit quelques présens, et nous accompagna jusqu'au carrosse.

Qu'on juge de la joie qu'éprouva cette femme lorsqu'elle se vit libre. Je ne pouvais me soustraire aux transports de sa reconnaissance ; et s'il lui restait un vœu à former, c'était de retrouver son père. Je lui promis de faire des recherches à cet effet, et d'engager Achmet à lui consacrer la rançon que le Prince de Perse avait refusée pour elle.

Quelque plaisir que j'eusse d'avoir obligé cette aimable fille, dont les talens pour la musique m'étaient infiniment agréables, je ne pouvais me défendre contre la mélancolie qui venait m'assiéger, et me portait malgré moi à l'interroger sans cesse sur la conduite que le prince Oscar avait tenue avec elle, et comment il agissait avec ses compagnes; mais tout ce qu'elle me racontait de lui ne faisait que fortifier l'opinion que j'avais de son mérite, et enfoncer de plus en plus le trait qui avait blessé mon cœur. Ah! quand je parle de son mérite, comme pour justifier le sentiment qu'il m'inspira, je dois convenir avec franchise que ce n'était pas là le côté dangereux, puisqu'il était impossible d'en posséder un plus éminent que celui qui distinguait Achmet; mais ses grâces, le ton touchant de sa voix, l'expression de ses regards, cette douce langueur, sans parler de la majesté de sa taille, répandaient autour de lui un charme irrésistible, et sans vouloir m'excuser, jeune sotte que j'étais, je l'aimais de toute l'ardeur de mon ame.

Cependant, réfléchissant à tout ce qu'Achmet faisait pour moi, à la contrainte qu'il s'imposait pour ne point me déplaire par l'expression de son amour; à la douleur qu'il éprouverait s'il s'apercevait que j'en aimais un autre que lui ; enfin à l'ingratitude dont il pouvait m'accuser, je frémissais d'indignation contre moi-même ; et résolue à ne plus voir le prince Oscar, et de combattre de toutes mes facultés le penchant qui m'entraînait vers lui, je cherchai dans l'étude et la musique des armes contre ma faiblesse.

Un incident sembla vouloir venir à mon secours, et produisit néanmoins un effet tout contraire.

Les Seigneurs de la cour qui m'avaient vue, avaient tellement étourdi le Sultan de ce qui leur plaisait en moi, que Sa Hautesse désirant voir ce nouveau prodige, envoya son Kiflis-Aga pour inviter mon père à me conduire au sérail.

Achmet était parent de l'Empereur

Selim, et comme tel il eût dû me présenter au sérail, et demander pour moi la faveur de la Sultane mère, puisqu'il n'y a que les filles et les femmes légitimes des Princes du sang qui puissent être admises auprès des Sultanes et de la fille du Grand Seigneur.

Ma qualité de chrétienne l'avait un peu embarrassé, mais se rassurant sur la prudence que j'observais dans mes discours lorsqu'il était nécessaire de modifier mon extrême franchise, il me pria d'user de quelque déguisement si on m'interrogeait au sujet du culte; et m'invitant à mettre dans ma toilette tous les soins dont j'étais susceptible, nous partîmes pour la Babi-Homagon, porte impériale. Un carrosse à la turque, attelé

attelé de six chevaux nous conduisait : de chaque côté marchaient, deux à deux, six esclaves à cheval ; vingt autres suivaient à pied, et quatre couraient devant pour annoncer notre arrivée et faire ouvrir les portes.

Après avoir traversé six cours immenses et autant de dômes qui communiquent d'un palais à l'autre, nous fûmes introduits, non dans le salon où les ambassadeurs chrétiens sont reçus, mais dans celui du Sultan. Sa Hautesse, assise sur une estrade, environnée d'une balustrade d'or massif, avait à ses côtés son Selikta-Aga et le Bostangi-Bachi, qui l'un et l'autre lui avaient parlé de moi ; les deux côtés de la salle étaient remplis de pages.

Sélim, nous faisant un salut gracieux, appela Achmet auprès de lui, le gronda amicalement de sa négligence à ne lui avoir pas présenté une princesse dont les éloges retentissaient dans la bouche de tous les Seigneurs de sa cour, et que pour l'en punir il allait lui enlever son bien. J'étais restée debout devant une ottomane placée en face de l'estrade où on m'invitait de m'asseoir, et en qualité de femme libre, je réunissais dans mon maintien toute la dignité dont j'étais capable.

Le Sultan, résolu d'inquiéter Achmet, et de me causer quelque embarras, s'avisa d'agir avec moi comme avec toutes les femmes étrangères qu'on lui présente, et ayant pris un fort beau mouchoir de soie, brodé d'or, qui était plié sur un coussin de brocar, il me le jeta; tombé à peu de distance de l'ottomane où je m'étais assise, je fis signe à un page de le relever, et le prenant de ses mains, je le pliai en fichu et le nouai à mon cou; m'étant levée, je fléchis un genou, et regardant Sélim qui souriait de même que les deux Seigneurs qui avaient peine à se contenir: « Que » Sa Hautesse me pardonne, dis-je » au Sultan, si je ne sais en user » autrement, et que sa bonté me » permette de garder le mouchoir » comme un gage de l'honneur » qu'elle a voulu me faire.... » Le Sultan descendant de son estrade, vint auprès de moi, m'examina de tous côtés, et m'adressant des paroles amicales, il me prit la main, et me conduisant vers Achmet, « Prince, » lui dit-il, conservez ce trésor, je » vous le rends, mais aux conditions » que votre charmante fille consente » à passer chaque jour une heure » avec la Sultane ma mère et la » princesse Alaïska ma fille chérie. » Je m'inclinai profondément, assurant le monarque du prix que j'attachais à une faveur si haute.

Après nous avoir fait servir une collation, il ordonna à son Kiflis-Aga de me conduire au sérail de Validée; cette Princesse âgée, mais encore belle, déjà prévenue avantageusement, me fit une réception flatteuse. Elle était étendue nonchalamment sur un superbe sofa de pourpre à fleurs d'argent; la jeune et belle

Alaïska était assise à ses côtés, et une trentaine d'esclaves formaient un cercle autour d'elles. A mon aspect toutes se levèrent. La Sultane faisant quelques pas au devant de moi me fit placer près d'elle, et me fit dire par son interprète, qu'ayant entendu parler de moi, elle avait désiré me connaître, et qu'elle m'aurait une reconnaissance infinie si par les agrémens de ma société j'apportais quelque diversion à l'humeur mélancolique dont la Princesse sa fille était atteinte ; elle voyait avec plaisir les rapports de l'âge établis entre nous, et elle osait tout espérer de ma gaieté et de mes talens. La tendre Alaïska commençait à entendre un peu la langue française, dont on lui donnait des leçons, et celle des turcs me devenait de jour en jour plus familière par les soins du meilleur des maîtres.

On servit le dîner, et je n'y vis rien de plus délicat ni de plus magnifique que ce que j'avais vu chez le prince de Perse. Tout était d'or massif; les vases dans lesquels on servit le café, les sorbets, étaient d'un granit aussi transparent que le rubis; les soucoupes et les couvercles étaient d'or émaillé, et formaient un contraste admirable avec la nuance des coupes.

Après la cérémonie des parfums, Validée ordonna à la Princesse et à ses femmes de me conduire dans les jardins, tandis que selon son usage elle faisait une heure de dévotion avec le Sultan son fils. Nous traversâmes une longue suite d'apparte-mens, dont les uns couverts des plus riches tentures, laissaient admirer l'or, le nacre, la malachite, le jaspe, l'ivoire; les bois d'aloës et de sandal sur les lambris des autres! Arrivée aux jardins, je puis dire que je ne vis jamais rien d'aussi beau! ils ont vue sur la mer d'un côté, et de l'autre sur les campagnes et le Bos-phore! Les fleurs et les arbustes les plus rares y sont réunis et présentent çà et là de petits bosquets dans les-quels se jouent des eaux limpides qui, après s'être réunies dans un bassin de marbre, en tombent à grand bruit pour s'engloutir dans la grotte au Giaour: c'est du moins ainsi que les Sultanes se plaisent à nommer ce lieu qui, par la combinaison de ses cavités et celle des petits canaux qui reçoivent les eaux pour les porter dans d'autres terrasses, forment des sons si variés que les Turcs, dans le peu d'idée qu'ils ont de la physique, faisaient croire à leurs Dames que certain génie y faisait sa demeure.

Ce jardin, comme le palais, est séparé de celui des courtisanes par une grande cour; il régnait peu de communication entre la Sultane Validée et les femmes du Sultan : elle ne permit jamais à la jeune Princesse sa petite-fille d'entrer dans leur harem, parce que sa mère, qui était une chrétienne de la maison de Durazzo, avait été empoisonnée par la cruelle Orthancia, jalouse Circacienne, mère du petit Machmoud, dont la santé était très-délicate.

Si Validée avait pu juger des rapports de mon âge qui était le même que celui d'Alaïska, elle ne tarda pas à voir que ceux des goûts et des sentimens établissaient entre cette Princesse et moi la plus tendre amitié ! Et lorsque j'étais avec elle, on ne croyait pas l'heure des récréations écoulée que deux autres lui avaient déjà succédé ! Le bon Sultan venait quelquefois nous surprendre dans nos jeux enfantins, et voyait avec un plaisir extrême la gaieté reparaître sur le front de sa fille, qui par odre de son père me fit présent d'une paire de bracelets et d'une ceinture de diamans avec des fermoirs couverts de larges émeraudes.

Cependant comme rien ne devait être durable dans ma destinée, je ne jouis pas long-temps du calme et de la santé que j'avais repris depuis mon départ d'Ostende ; lés efforts de gaieté que je faisais, autant pour distraire l'intéressante Alaïska, que pour éloigner de mon esprit un sentiment que je désirais étouffer en naissant, les violentes secousses que me livraient les tendres soins d'Achmet, les visites fréquentes du prince Oscar que je ne pouvais pas toujours décemment éviter ; enfin le changement complet de régime, imprimèrent sur mon être un tel ravage qu'en peu de temps je fus méconnaissable !

Tous mes amis en furent alarmés ; mon bon père ordonna à son médecin de ne rien négliger pour me rendre la santé ; et le Sultan m'ayant envoyé le sien, ils délibérèrent ensemble sur mon état, conclurent que l'exercice m'était nécessaire ; qu'il me fallait une nourriture plus conforme à celle que j'avais en France, et me firent une suite d'autres prescriptions. Je désirais monter à cheval, quoi qu'en Turquie cet exercice ne soit pas d'usage chez les femmes, la circonstance en fit une loi, et on convint de me donner un maître d'équitation qui se rendrait tous les jours à la campagne où j'allais fixer ma résidence. Le Grand Salaor, ami d'Achmet, offrit de me rendre ses services avec tant d'empressement, que ne pouvant le refuser sans avoir mauvaise grâce, je pris donc des leçons du plus grand écuyer de l'empire, mais toujours sous les yeux d'Achmet, de son médecin et de mes esclaves ; j'avais choisi pour cet effet un costume qui m'épargna l'embarras d'un voile, et l'habit Malthais avec un casque à visière me servit parfaitement.

Cora la vénitienne était encore auprès de moi avant mon départ pour la campagne ; mais étant allée un jour courir la ville avec deux de mes femmes, le hasard lui fit découvrir la maison où était son père ; c'était chez un riche marchand de la bourse, dont elle ne savait pas le nom ; mais comme les esclaves qui étaient avec elle me dirent qu'il était Persan, je ne doutai point qu'il ne fût connu du prince Oscar, et que par son moyen on ne pût l'engager à recevoir la rançon de ce malheureux.

Cora palpitante de plaisir et de crainte,

crainte, embrassait mes genoux sans oser m'exprimer sa sollicitude; je lui en épargnai le soin en envoyant le kojeidar d'Achmet chez Neijif-Khan pour prendre des informations au sujet du marchand, afin qu'on pût traiter avec lui cette importante affaire.

L'obligeant et libéral prince de Perse ayant aussitôt envoyé son intendant à la bourse, nous fit dire une heure après qu'il n'avait rien pu obtenir du marchand, qui ne voulait absolument pas céder son esclave pour quel prix que ce fût. Affligée de cette nouvelle et du désespoir où elle plongeait l'infortunée Cora, j'allais faire prier le marchand de venir me parler, lorsqu'on vint m'avertir qu'un esclave demandait à parler à la princesse Eliza ; il venait, dit-il de la part du prince Oscar. J'ordonnai qu'on le fît entrer. Cora qui était présente reconnaît son père (car c'était lui), et poussant un cri de surprise et de joie, elle se précipite dans ses bras.... Cassarello, qui ne s'attendait pas à retrouver sa fille, était dans un transport difficile à décrire. Il venait embrasser mes genoux en reconnaissance des bienfaits que je venais de répandre sur lui en rachetant sa liberté ; et il n'avait pu comprendre comment il avait eu le bonheur de m'intéresser : le Prince de Perse ne lui avait point parlé de sa fille, se contentant de lui dire qu'une Princesse chrétienne, qui ne se plaisait qu'à faire des heureux, ayant appris de son maître qu'il avait un esclave chrétien, s'était empressée d'offrir sa rançon; que c'était donc à moi qu'il était redevable du bonheur dont il jouissait, et voulant nous causer à tous une surprise agréable, il envoyait ce pauvre homme pour me remercier.

Ah! Neijif-Khan, pensai-je en moi-même, me disputerez-vous toujours le plaisir de faire du bien? Mais quelle noblesse, quelle délicatesse dans ce procédé! pour m'en ménager la satisfaction, il me fait dire que la chose est impossible; et faisant succéder la joie à la douleur, il se soustrait aux témoignages de reconnaissance en m'attribuant la gloire de cette action! ......

Lorsque les premiers élans d'amour paternel et filial, de joie et de gratitude eurent cessé leur cours impétueux, je demandai au père de Cora si, ayant perdu tout son bien par suite de cet événement, il désirait retourner dans sa patrie ou se fixer à Constantinople ? « Hélas ! Madame, » répondit en sanglottant il Signor » Cassarello, sans doute qu'à l'aide » de quelqu'emploi que je pourrais » trouver ici, il me serait aisé de rétablir plus promptement mes affaires » que je ne le ferais chez moi ; mais » dois-je hasarder mon salut pour » quelques biens passagers ; cependant il m'est douloureux de ne » pouvoir plus donner à cette chère » enfant l'époux que son cœur désirait. (Ici ses pleurs coulèrent » abondamment.) Cora avait dû se » marier, à son retour du Caire, avec

» un jeune homme qu'elle aimait ;
» et dont les parens riches et avares
» ne voulaient consentir à cette union
» qu'autant qu'elle serait avantageuse
» à leur fils sous les rapports de la
» fortune. »

A mon arrivée à Constantinople Achmet m'avait donné une cassette remplie d'or pour mes petits besoins ; et comme il fournissait libéralement à tout, je n'avais pas eu occasion de toucher à mes fonds ; ils pouvaient suffire à l'établissement de Cora, je les lui abandonnai avec un plaisir indicible, et Achmet fournit de son côté aux frais du voyage et à quelques arrangemens pour les affaires du père. Ils partirent invoquant sur nos têtes toutes les bénédictions célestes : Cora m'apprit son mariage, me demanda mon nom pour la première fille qu'elle mettrait au monde ; et un an après le père m'écrivit qu'il venait de perdre sa chère Cora en donnant le jour à un garçon. Depuis ce moment je n'entendis plus parler de Cassarello.

CHAPITRE VI.

Nous ne recevions point de nouvelles de Mad. de Lubière ; le Consul qui avait envoyé M. M.*** , chargé d'une mission aux Echelles, pour s'informer de ma position, et savoir si je désirais retourner en France, nous apprit que cette chère Dame n'avait point encore reparu non plus que Nanci ; et que la maison était toujours fermée : cette circonstance aggrava mon chagrin ; et, si dans ce moment cette tendre mère eût pu m'être rendue, je n'eusse pas balancé à la rejoindre dans quelque lieu qu'elle eût été ; quoiqu'il ne manquât rien à ma félicité que la douceur d'être avec elle ; mais les combats qui s'élevaient dans mon ame rendaient ma situation insupportable, sans parler des tentatives continuelles que faisait le Visir, tant auprès de mes femmes qu'il cherchait à corrompre pour les mettre dans ses intérêts, qu'auprès d'Achmet, à qui il tendait mille piéges pour connaître ses sentimens et la nature de ses relations avec moi ; cependant si les ruses de ce Seigneur, les projets de vengeance qu'il était capable de former, avaient de quoi inquiéter mon père, la protection du bon Sultan, celle de Validé pouvaient néanmoins le rassurer.

Oscar dont la passion s'irritait en raison des difficultés qu'il avait de me voir depuis que nous étions à Keimirtasch, palais d'été du prince Achmet, s'était avisé plusieurs fois de m'adresser des épîtres à la mode turque : retenue par la décence et la crainte de laisser pénétrer mon fatal secret par quelques vivacités, je ne lui avais jamais répondu. Il ne passait pas un jour sans faire demander des nouvelles de ma santé ; et comme il avait tant de fois prié Achmet de lui permettre de venir me voir monter à cheval, il saisit un jour l'occasion que son ami dînait à Péra, chez un ambassadeur qui avait coutume de retenir ses convives plus tard qu'il n'est d'usage en Turquie ; et il se présenta à ma vue au moment où je l'attendais le moins.

J'étais dans l'arène à faire un exercice avec mon médecin et mes deux nègres, lorsqu'il arriva : je voulus descendre pour le recevoir ; mais, plus prompt que l'éclair, il s'y opposa, sollicitant la grâce de me servir d'écuyer pour quelques instans.

Ayant monté le cheval du médecin, ce dernier se tint à l'écart, et mes esclaves, restés à une distance convenable, laissèrent au Prince la facilité de m'entretenir de ce que je n'entendais qu'avec trop de plaisir..... Mon émotion était violente, et grâce à la visière de mon casque qui resta constamment baissée, je réussis à la lui cacher; ne voulant pas paraître sensible à sa tendresse, je le raillai sur son fol amour pour une femme dont les charmes étaient si inférieurs à tous ceux qu'il possédait, et lui rappelant son rang, ses prérogatives, je lui fis le tableau de mes infortunes, de ma dépendance, des devoirs que la reconnaissance m'imposait pour les bienfaits du respectable Achmet, et enfin de l'impossibilité où j'étais de répondre à......... Je ne pus achever. J'allais prononcer un mensonge, ma langue s'embarrassa, et dans mon état de faiblesse je fus prête à tomber; car mes mains tremblantes ayant lâché la bride, mon cheval fit un écart qui faillit me renverser. Le Prince fier de sa victoire, saute au cou de l'animal, et me saisissant ensuite, me pose doucement sur terre, où mon médecin s'étant aperçu de ce que je venais d'éprouver, me fit rentrer dans mon harem pour me donner ses soins.

Oscar m'ayant suivie au Palais, j'ordonnai qu'on lui servît des rafraîchissemens dans l'appartement de mon père ; et j'espérais qu'il ne tarderait pas à prendre congé... J'étais dans l'erreur... Il m'avait ébranlée ! Le moment était favorable ; il ne voulait pas sitôt abandonner ce qu'il nommait ses plus chers intérêts.

Dès que je fus un peu remise, et que j'eus changé d'habit, Zollina, qui, sous différens prétextes, s'était absentée deux fois pendant qu'on m'habillait, vint me dire que le prince de Perse ne voulait point partir sans me rendre ses devoirs, et s'assurer que je me trouvais mieux. Luttant un moment entre le désir et la crainte, je le fis prier de m'excuser, si, ayant besoin de repos, je ne pouvais me procurer l'honneur de l'entretenir plus long-temps, et passant dans un

pavillon

pavillon du jardin pour me soustraire à sa sollicitude et me livrer à mes rêveries, j'ordonnai à mes femmes de m'y laisser seule.

Ce pavillon était une rotonde adossée aux appartemens avec lesquels elle communiquait par des issues cachées. Douze colones de marbre blanc soutenaient son dôme, et des touffes de jasmins, de lilas et de chèvre-feuille, entremêlant leur verdure dans les espaces, répandaient avec leurs parfums un ombrage enchanteur; un tapis, imitant la plus fine mousse, couvrait le parquet de ce charmant salon, et une fontaine de marbre blanc, placée au milieu, formait un doux murmure; des ottomanes de damas blanc, à fleurs d'or, étaient enfoncées dans des chasses, et promettaient un délicieux repos... C'était là que je me plaisais à nourrir un sentiment, qu'en dépit de ma volonté, je ne me sentais plus le pouvoir de combattre, et qui allait paraître dans son effervescence....

Etendue sur un des sofas, dans l'endroit le plus reculé du kiosque, les yeux fermés et profondément occupée de mes idées, je sentis tout d'un coup une de mes mains portées sur des lèvres brûlantes ! je la retire ; et voyant le prince Oscar devant moi, je tressaille et veux fuir !... Il m'arrête. Je ne me souviens pas s'il eut beaucoup de peine, mais s'étant assis à mes côtés, il me dit en langue turque les choses les plus tendres. « *Oliim*
» *sana gazin !* s'écria-t-il, *sensin*
» *rezellerin sultanam ! Derdime*
» *derman bul ! Verbizi bir umut !*
» *Derdinden oldum, [illegible] !*....

Cette langue, moins riche encore que la nôtre, emploie un grand nombre d'images ; mais toutes ses expressions présentent un sens étendu, et, prononcées avec l'accent qui lui est naturel, elles ont une douceur et une force incomparables : aussi le ton qui accompagna les paroles du prince Oscar produisit l'effet qu'il pouvait en attendre. Troublée à l'excès, un soupir s'échappa de ma poitrine, et quelques larmes vinrent mouiller mes paupières : il se hâta de les essuyer, me demanda pardon de les avoir fait couler ; et certain d'être aimé, il me supplia d'assurer son bonheur en promettant de lui appartenir, et de lui accorder la satisfaction de me voir aussi souvent qu'il me serait possible.... « Seigneur, lui répondis-

» je, puisque vous connaissez ma
» faiblesse, soyez assez grand,
» assez généreux pour n'en point
» abuser! Je vous aime, il est vrai;
» j'essayerais en vain d'en taire
» l'expression; mais cet amour ne
» peut avoir que des suites funestes!
» Je me dois toute entière à Achmet,
» mon attachement pour lui est sans
» bornes, ma reconnaissance est
» infinie! et cependant je ne puis
» disposer de moi; je crois à toute
» la félicité que peut offrir votre
» mérite, Seigneur, votre amour et
» tous les avantages dont vous jouis-
» sez! je sens même, par la nature
» du sentiment que vous m'inspirez,
» que je trouverais plus de charmes
» dans mon union avec vous qu'avec
» aucun autre! mais si un jour

» vous veniez à monter sur le trône
» de vos pères, les illustres Sophis!
» que deviendrait alors votre épouse
» chrétienne ? — Elle partagerait
» mon trône, m'apprendrait à régner,
» ferait le bonheur de ses peuples et
» la gloire de son époux! Oui, mon
» adorable Eliza, souveraine de ma
» pensée, inséparable de mon cœur ;
» aussi nécessaire à mon bonheur
» que la rosée l'est aux plantes
» desséchées par l'ardeur du soleil ;
» de même votre douce haleine peut
» seule rafraîchir mon ame embrâsée
» par les feux de l'amour que vos
» beaux yeux alimentent sans cesse!»
Je ne pus obtenir de lui de faire finir un entretien qui pouvait avoir des suites fâcheuses, qu'après avoir consenti à le recevoir. Il partit, emportant avec

lui mon repos, mes regrets et ma plus douce sollicitude.

Achmet étant rentré fort tard, ne vint que le lendemain s'informer de ma santé : je me trouvais si coupable envers lui que je n'osais lever les yeux ; rassurée peu à peu par ses caresses, je lui rendis avec usure toutes celles que la modestie pouvait autoriser. Née avec une ame ardente, dévorée constamment par le besoin d'aimer, je m'attachais avec une force qui tenait de la passion, et lorsque je l'embrassais, (car il faut convenir que souvent je ne pouvais m'en dispenser) c'était avec une vivacité si grande que j'oubliais les sentimens contraires à la qualité de père dont il remplissait les devoirs ; et ne le nommant que mon bon papa, mon cher papa, je réussissais souvent à arrêter sur ses lèvres l'expression que je redoutais.

Ne voulant pas qu'il fût instruit par ses gens des indiscrétions que le prince Oscar s'était permises dans son absence, et craignant avec raison qu'il se fâchât contre lui, je lui fis naïvement le récit de tout ce qui s'était passé; mais prenant à ma charge ce qui pouvait le blesser plus vivement dans la conduite de son ami, je lui dis que m'étant trouvé assez bien disposée, la conversation douce de l'aimable prince de Perse avait eu quelques charmes pour moi, que je m'étais permise de l'écouter peut-être un peu plus long-temps que la sévère bienséance ne pouvait me le permettre; mais que m'avouant coupable, je priais mon bien-aimé père de me pardonner cette liberté. « La plus » chérie des filles ne doit rien craindre » du plus heureux des pères, » me répondit Achmet, en me donnant un baiser sur le front, qui fut pourtant accompagné d'un soupir. Il me demanda si le Prince m'avait parlé de son amour : je lui dis sans hésiter que cela avait été le principal objet de sa visite, comme je pensais qu'il n'en avait aucun doute ; mais que ne voyant dans le sentiment du Prince qu'un goût passager, enfant de la nouveauté envers ma personne ; je pensai que plus habitué à me voir, il prendrait infailliblement la fantaisie de m'entretenir sur un sujet qui ne pouvait avoir aucune suite, et que je l'en avais raillé ; ...... en di-

sant cela le rouge me monta au visage. Achmet qui me regardait attentivement me dit en souriant : « Je
» crains bien que ma chère Eliza ne
» se fasse illusion sur la nature des
» sentimens d'Oscar ; je connais son
» caractère, chez lui comme chez
» nous rien n'est léger. N'espérez
» pas, incomparable Eliza, rencon-
» trer parmi nous des cœurs français ;
» et lorsque chaque jour vient faire
» éclore en vous quelques charmes
» nouveaux, comment vous oublier ?
» Croyez-moi, chère fille, si votre
» cœur est encore libre, si comme
» vous me l'avez dit, vous ne
» pouvez vous engager, fuyez cet
» enchanteur, vous ne sauriez être
» plus long-temps sans l'aimer,
» et vous feriez une victime ! » Ces

derniers mots me firent frémir, et me rendirent toute ma tristesse. Il parut se repentir d'en avoir trop dit, et devinant la cause de mon chagrin, il s'en affligea, redoubla de soins pour le dissiper, et semblait ne me quitter qu'avec crainte, lorsque ses devoirs l'y contraignaient.

L'aimable Alaïska, que depuis mon séjour à la campagne je voyais rarement, se plaignait beaucoup de ce qu'elle avait été sitôt privée de son amie ; et Validé, qui fréquemment s'informait de mon état, apprenant que ma santé ne permettrait pas que je retournasse de quelque temps à la ville, résolut de hâter son départ pour Bechicq-Tach, palais d'été du Grand Seigneur, qui, n'étant qu'à une très-petite distance de celui que j'habitais, pouvait faciliter à la jeune Sultane les moyens de me voir.

Dès qu'elle y fut établie, elle se fit transporter chez moi, et j'eus un plaisir bien vif de la revoir. Si cette infortunée Princesse goûtait quelque soulagement à épancher ses peines dans le sein de l'amitié, je n'éprouvais pas moins de consolation à lui communiquer les miennes; et cette analogie de circonstances, jointes aux autres rapports, nous rendaient si nécessaires l'une à l'autre, qu'un jour passé sans se voir, paraissait un long cours d'ennui.

Le plus beau printemps venait de parer la campagne de mille charmes, et animer d'une nouvelle vie les hommes comme les plantes; j'en ressentis les effets, auxquels néanmoins la présence continuelle de ma charmante amie contribua beaucoup. J'allais remporter sur moi-même une victoire complète , lorsqu'un accident imprévu anéantit dans un instant le fruit de tant d'efforts.

Un mois s'était écoulé sans que j'eusse voulu recevoir le prince Oscar, me dérobant à ses visites par toutes sortes de prétextes , quand, par une des plus belles soirées que l'astre de la nuit eût jamais éclairé, il s'avisa de venir me surprendre. J'étais à me promener dans le jardin , tandis que mes femmes , assises à l'entrée du salon , faisaient retentir l'air du son des instrumens. Dépouillée de toute parure , une simple chemise grecque de batiste brodée, couvrait un pantalon de satin rose , et une large ceinture

ceinture serrait les plis de mon léger fourreau. Passant devant le grand kiosque, j'entends un faible bruit; supposant que c'était Achmet qui, de retour de Scutari où il était allé, venait me souhaiter le bon soir, j'entre, et voyant un homme de sa taille, vêtu à sa manière, je m'élance au devant de lui en le nommant mon cher papa; et contre son habitude il me prend dans ses bras, me serre avec transport, et me couvrant de mille baisers, m'offre les traits d'Oscar! Surprise autant qu'effrayée, je veux m'arracher à ses caresses, mais c'est en vain, je ne pus lui échapper. Il me place sur un sofa et s'assied près de moi, ses bras passés autour de ma taille, et m'accablant des plus tendres reproches qu'assurément je méritais. Achmet de retour depuis quelques momens était venu dans mon harem où il ne me trouva pas ; mes femmes lui dirent que je venais de passer dans le grand kiosque, il courut aussitôt m'y chercher, étant déjà instruit que le Prince devait y être : après avoir écouté un moment, il entre sans être aperçu, et voyant à la faveur de la lune le Prince me donner un baiser :

« Téméraire ! s'écrie-t-il en s'élan-
» çant sur son ami, est-ce ainsi que
» tu trahis l'amitié, en séduisant
» mon innocente fille ? » Son poignard levé, il va percer le sein de mon amant !..... Plus prompte que l'éclair, je me précipite au devant du coup : arrêtez, Seigneur, évitez un crime ! je suis seule coupable, puisque je

vous doit tout. Le poignard tombe de ses mains, Neijif-Khan le relève : « Tiens, dit-il à Achmet, en découvrant sa poitrine, prends ton arme » et ne crains pas de l'enfoncer dans » ce cœur blessé par l'amour, si tu » ne peux souscrire à ma félicité. » Achmet, pâle comme la mort, calmé par l'action du Prince, lui parle avec douceur : « Qu'oses-tu demander, » Oscar ? — Eliza ou la mort ! ré- » pondit Neijif-Khan. »

Cédant à la violence de mon émotion, je ne pus en entendre davantage; on avait appelé mes femmes qui me portèrent sur mon lit où je fus quelque temps sans connaissance ; mais en reprenant mes sens je vis avec un secret plaisir les deux Princes debout devant mon lit, marquant la

plus vive inquiétude; je les aimais tous deux, mais bien différemment. Je leur tendis à chacun une main qu'ils baisèrent. « Vous êtes à moi,
» Madame, me dit Oscar, et dans
» deux jours le plus heureux hymen
» mettra le comble à mon bonheur. »
Soyez chrétien, Seigneur, et j'y consens. M'étant jetée dans les bras d'Achmet pour le remercier, je fis signe à Oscar de nous quitter; il prit congé de nous, et dès que je fus seule avec mon tendre père: « Fille
» ingrate, me dit-il, la tendresse
» d'Oscar vous a trouvée sensible,
» et la mienne n'a pu vous toucher;
» ma soumission, mon respect pour
» vos moindres désirs, doivent ce me
» semble mériter la préférence; mais
» quelque soient vos sentimens pour

» moi, apprenez à connaître jus-
» qu'où va mon amour : content de
» vous voir heureuse, je renonce
» avec plaisir au bonheur de vous
» posséder ; et en vous remettant
» dans les bras de votre fortuné
» époux je vous donne mes biens et
» tout ce que je possède de précieux ;
» mes deux palais dépendent du
» Grand Seigneur dont je descends ;
» je ne puis donc vous les offrir en-
» core, mais le jour qui éclairera
» votre hyménée, avant que le ros-
» signol ait célébré par ses chants
» mélodieux ses amours et les vôtres,
» ce poignard plongé dans mon sein
» finira mes souffrances !..... » Ces paroles prononcées d'une voix altérée, déchirèrent mon ame en l'accablant de remords ; et dans l'excès de ma

douleur un mouvement involontaire me fit tomber aux pieds d'Achmet : « Pardonnez, Seigneur, et le plus » chéri des pères, si j'ai pu vous » affliger un moment ! mon affection, » mon respect égalent ma reconnais- » sance ; eh ! l'un et l'autre sont » proportionnés à vos bienfaits. Mais » s'il est vrai que l'amour, cette » flamme divine, doit animer votre » ame pour la félicité ou le supplice » de nos jours, c'est avec Neijif-Khan » que je dois l'éprouver ! Cependant » quelle que soit ma tendresse pour » le prince de Perse, croyez, Sei- » gneur, qu'il m'en coûtera moins » de renoncer à lui que de causer » votre mort ou vos peines ; et pour » finir vos tourmens et les miens, » souffrez que je vous quitte inces-

» samment ; mon absence, Seigneur,
» vous devient nécessaire, il vous
» sera aisé de m'oublier. »

» Non, trop chère Eliza, vous ne
» partirez point ; votre éloignement
» me serait plus douloureux encore
» que de vous voir l'heureuse épouse
» du prince Oscar qui, en vous
» perdant, croirait que je vous ai
» sacrifiée à ma jalousie. Hélas,
» plutôt mourir que de nuire à votre
» bonheur. — Ah, Seigneur, pou-
» vez-vous méconnaître assez votre
» Eliza pour croire assurer ses plai-
» sirs en tranchant le fil de votre vie
» qu'elle désire prolonger aux dépens
» de la sienne. Non, prince Achmet,
» non, mon généreux père, vous
» ne mourrez jamais pour moi ;
» qu'un sang si noble, immortalisé

» par tant de vertus puisse couler » des siècles dans les veines qui le » recèlent, et qu'aucun accident ne » vienne troubler la paix d'une si » belle vie ! Je saurai sacrifier une » union fantastique à votre satisfac- » tion ; je vous rends toute la justice » qui vous est due, et si je ne puis » être à vous, je ne serai plus à » personne. »

A l'instant je me mis à écrire au prince Oscar, lui alléguant qu'une circonstance imprévue m'obligeait de différer notre mariage ; mais que si son amour pour moi était tel qu'il me l'avait peint, il m'en donnerait une preuve par sa soumission et sa constance à mes volontés.

Achmet content de ce billet dont il fit la lecture, me dit un adieu bien tendre, et me laissa avec mes femmes. Je me mis au lit espérant y trouver quelque repos ; mais la scène dont j'avais été l'objet, les incidens qui l'avaient suivie, la douleur que le Prince allait éprouver en voyant son espoir déçu ; enfin les conséquences qui pouvaient en résulter pour moi dans son opinion, se présentant en foule à ma pensée, me tinrent éveillée durant toute la nuit, dans une angoisse horrible ; et ma santé derechef ébranlée par ces nouvelles secousses, m'obligea de passer plusieurs jours au lit. Oscar désespéré, voulait absolument me voir pour s'instruire des obstacles que j'apportais à sa sollicitude ; et le prétexte de mon indisposition fut seul capable de le modérer.

Un soir me trouvant assez bien,

je désirais faire une promenade sur le canal qui coulait sous les murs du jardin ; mais Zolina m'observa qu'il y avait du danger, que d'ailleurs la clef de la porte qui y conduisait était enlevée ; qu'un grand inconnu rôdait depuis quelques soirs sur le fleuve, et qu'étant venu la veille jusqu'au haut de la grande allée de cyprès, il avait parlé à Carnirée, lui offrant une cassette remplie de bijoux pour qu'elle m'engageât à l'écouter un moment. Cette femme craignant de m'offenser par cette proposition, et d'être vendue pour son châtiment, n'avait pas voulu se charger d'une telle mission, ni même en dire un mot, tant elle me respectait.

Croyant devoir instruire Achmet de ces détails, il me répondit qu'aussi long-temps que je ne serais point mariée, ma tranquillité serait souvent inquiétée par mes admirateurs; que les priviléges dont je jouissais à la cour, la qualité de fille adoptive qu'il m'avait donnée, me faisant supposer musulmane, on me regardait comme un des premiers partis de l'empire; et que la loi ne permettant pas aux femmes de vivre dans le célibat, celles qui refusent d'accepter un époux cessent d'être respectées, comme des créatures inutiles, puisque les exemptant de tous soins domestiques, elles sont destinées aux plaisirs des hommes et à la propagation de leur espèce; que de même qu'un arbre dont le fruit couvrant chaque jour dans sa saison la table de son propriétaire, lui en devient plus précieux ; de même aussi la femme qui chaque année donne à son époux un gage de sa tendresse, conserve à ses yeux les charmes de sa jeunesse, et acquiert par ce moyen un nouveau degré de considération.

« De plus, ajouta encore Achmet,
» la liberté dans laquelle vous avez
» vécu jusqu'à ce jour, mon adorable
» fille, ne pouvait manquer de vous
» attirer les regards et les hommages
» qui vous sont dûs ; mais pour
» éviter désormais ces sujets d'inquié-
» tude, consentez à combler les
» vœux de votre amant. » Il s'arrêta, soupira et reprit : « ou ne plus se
» montrer, pas même chez les sul-
» tanes. » Si la première proposition pouvait m'être agréable, de combien de regrets n'eût-elle pas été empoisonnée,

sonnée, si Achmet, cédant à sa douleur, se fût donné la mort; n'osant m'arrêter à cette idée, j'invoquai l'Etre suprême, en m'abandonnant toute entière à tout ce qu'il lui plairait d'ordonner.

Fin du premier Volume.

A LYON, de l'Imprimerie de J. M. BARRET.

www.ingramcontent.com/pod-product-compliance
Ingram Content Group UK Ltd.
Pitfield, Milton Keynes, MK11 3LW, UK
UKHW021053230726
13926UKWH00004B/1816